CHINAS GROSSE MAUER

ORBIS VERLAG

HANS-WILM SCHÜTTE

CHINAS GROSSE MAUER

DIE WIEDERENTDECKUNG EINES WELTWUNDERS

ORBIS VERLAG

Der Text dieses Buches entspricht den Regeln
der neuen deutschen Rechtschreibung.

ISBN 3-572-01318-6

www.orbis-verlag.de

Konzeption: Dr. Hans-Wilm Schütte und Norbert Pautner

Redaktion und Produktion: Büro Norbert Pautner, München

Bildbeschaffung: Silvestris Fotoservice, Kastl

Karten: Büro Norbert Pautner
auf Basis von Mountain High Maps, © 1993 Digital Wisdom, Inc.

Umschlaggestaltung: Büro Norbert Pautner

Reproduktion: Fotolitho Varesco, I-Auer

Druck: Těšínská Tiskárna, CZ-Český Těšín

Printed in the Czech Republic

817 2635 4453 6271

05 04 03 02

Inhaltsverzeichnis

Einleitung

▲ Ein grandioses Schauspiel bieten die während der Ming-Dynastie (1386–1644) errichteten Teile der Großen Mauer, die dem Kamm der Gebirge nördlich der Hauptstadt Beijing folgen.

Sagenumwoben, gewaltig, symbolbehaftet, einzigartig, weltberühmt – wohl kaum ein Bauwerk trägt derlei Attribute mit mehr Berechtigung als die Große Mauer. Allenfalls auf Ägyptens Pyramiden mag das noch zutreffen, aber eine solche Baumasse wie Chinas Große Mauer besitzen sie bei weitem nicht, auch wenn sie, anders als Chinas alte Grenzfestung, zu den sieben Weltwundern zählen, deren Liste sich freilich ganz auf die europäisch-nahöstliche Antike beschränkt.

In der Tat ist der Ruhm des größten Festungswerks der Erde ebenso einzigartig wie seine Dimensionen. Schon im 16. Jh. wurde es in der europäischen Literatur erwähnt, seit dem 17. Jh. immer wieder von Chinareisenden geschildert. Weltweit galt die Mauer lange Zeit als Sinnbild für die Verschlossenheit des chinesischen Reiches, aber auch als Zeuge für dessen Fähigkeit, gewaltige menschliche und materielle Ressourcen zu mobilisieren. Heute rollen von

Beijing aus täglich ganze Buskarawanen mit Touristen aus aller Welt zum nahe gelegenen, restaurierten Abschnitt von Badaling über eine eigens angelegte Autobahn.

»Wer nie auf der Mauer war, ist kein echter Kerl«, soll Mao Zedong befunden haben, und T-Shirts mit dieser Aufschrift werden an der Mauer gern verkauft, denn natürlich sind auch die Chinesen reichlich stolz auf ihr Bauwerk. Und soll es nicht sogar als einziges Menschenwerk vom Mond aus zu erkennen sein?

Da erstaunt es denn doch, wie wenig Verlässliches über dieses Monument bekannt ist. Mal heißt es, die Mauer stamme aus der Zeit des tyrannischen Ersten Kaisers (Qin Shihuang), der China im Jahr 221 v. Chr. einte und durch seine gewaltige tönerne Grabwächterarmee bekannt

Grenzwälle in aller Welt

Die Idee, Grenzen über Hunderte von Kilometern dauerhaft zu befestigen, hatten nicht nur die Chinesen. Zwar waren andere Völker bei der Umsetzung nicht ganz so fleißig, aber ähnliche Überlegungen wurden auch anderswo auf der Welt angestellt und verwirklicht.

Die bekanntesten Beispiele für solche Grenzwälle außerhalb Chinas sind der im 1. bis 3. Jh. erbaute römische Limes in Südwestdeutschland und der ebenfalls römische Hadrianswall in Nordengland, angelegt in den Jahren 122 bis 136. Während der deutsch-römische Limes vorwiegend als Erdwall mit Palisadenbefestigung ausgeführt wurde, besteht der 122 Kilometer lange Hadrianswall großenteils aus Stein.

Viele Wachttürme, zunächst in Holz erbaut, wurden im Laufe der Zeit durch steinerne ersetzt. Die Parallelen zur chinesischen Mauer sind zahlreich. Dazu zählen die befestigten Garnisonen – die Kastelle –, die Verwendung von Feuer- und Rauchzeichen zur Nachrichtenübermittlung sowie die Funktion als Zollstelle.

Auch anderswo befestigte das römische Reich seine Grenzen. So wurden die afrikanischen Eroberungen durch Gräben geschützt. Das eigentliche Rückgrat bildete jedoch das dicht geknüpfte Kastell- und Straßensystem. Die Wälle und Gräben hatten demgegenüber nur eine ergänzende Funktion.

Interessant ist, dass sich außer diversen chinesischen Dynastien noch ein weiteres Reich gegen die zentralasiatischen Reiterscharen schützte, und zwar das der Sassaniden in Persien. Sie bauten im 6. Jh. den vom Kaspischen Meer ausgehenden so genannten Alexanderwall – der mit Alexander dem Großen freilich nichts zu tun hat.

wurde, mal werden die Anfänge des Mauerbaus auf ein paar Jahrhunderte früher datiert, sodass sie stellenweise bereits mindestens 2500 Jahre alt wäre, dann wieder ist von der Mauer der Ming die Rede, und deren Dynastiegründung erfolgte erst 1368. Auch hinsichtlich der Länge bestehen Unklarheiten. Mal ist von 5000 Kilometern die Rede, mal von 6000, dann gar von 8000 oder mehr – diese stets erstaunlich runden Zahlen sehen nicht eben danach aus, dass jemand jemals nachgemessen hätte. Andere Unklarheiten kommen hinzu: Wie lange hat man daran gebaut? Waren es Sklaven, die sich dafür abplagen mussten, und wenn ja, woher kamen sie?

Tatsächlich war die chinesische Mauer noch vor zwei Jahrzehnten ein weitgehend unbekanntes Bauwerk. Wo sie genau verlief, wo sich alte Reste fanden, wie alt die Reste waren: Alles das hatte niemand umfassend dokumentiert, niemand genau untersucht – und so waren denn die Längenangaben auch bloß Schätzungen. Gewiss war die Große Mauer seit Jahrhunderten auf Landkarten verzeichnet, aber da zeichnete ein Kartograf vom andern ab. Wo die Mauer genau verlief, blieb unklar. Erst seit den 80er-Jahren haben chinesische Forscher nach und nach mehr Licht in das Dunkel der Mauergeschichte gebracht. Dabei wurde dieses Weltwunder gewissermaßen neu entdeckt. Das Wichtigste aus diesen Erkenntnissen wird hier zusammengefasst und vor den historischen Hintergründen des Mauerbaus in Politik, Wirtschaft und Kultur Nordchinas neu vorgestellt. Eines sei schon hier vorweggenommen: »Die« chinesische Mauer als ein zusammenhängendes, einheitliches Bauwerk von einigen tausend Kilometern Länge gibt es nicht und hat es nie gegeben. Aber enttäuscht sollte deswegen niemand sein, können wir stattdessen doch treffender von »Chinas großen Mauern« im Plural sprechen, und das macht die Geschichte nur noch spannender.

◀ Für die europäischen Chinareisenden gehörte die Große Mauer zu den Wundern, über es sich zunächst staunen und dann trefflich berichten ließ.
Stahlstich von James Sands nach Thomas Allom (1804–1872)

▶ Die Ruinen der Mauer aus der Zeit der Han-Dynastie (206 v. Chr.–220 n. Chr.) am »Jadetorpass« bei Dunhuang im Westen Chinas gehören zu den eindrucksvollen Zeugen einer über 2000-jährigen Geschichte des Mauerbaus.

China und die Fremden

Die Anfänge des Mauerbaus

Wer schon mal etwas von der Großen Mauer gehört hat, weiß, wozu sie diente: China gegen die berittenen Horden der Steppenbewohner zu schützen, gegen die Mongolen zumal, die vom endlosen Grasland ihrer Heimat aus schließlich einmal ganz China erobert hatten und nach Westen bis an die Oder vorgedrungen waren. Eigentlich klar, dass ein Großreich sesshafter und fleißiger Ackerbauern sich gegen solche Aggressoren schützen und sich diesen Schutz auch einiges kosten lassen musste, umso mehr, als China, das Land der Seide, des Porzellans, des Tees, wegen seiner Schätze schon früh weltberühmt war. Als Land der Serer, der Seidenleute, war sein Ruf schon bis zu den alten Römern gedrungen. Aber trifft diese plausible, ja offensichtliche Einschätzung vom Sinn des Mauerbaus auch zu?

Hier ist es wie so oft, wenn sich Historiker eine Sache genauer anschauen: Was uns als gesichertes Wissen erscheint, stimmt mit den Fakten nicht unbedingt überein. Vor allem galt dies für die Anfänge des Mauerbaus. Aber auch später sah die Wirklichkeit oft ein wenig anders aus.

◀ Die Ruinen der Garnisonsstadt Hecang, die zur Versorgung der Truppen am Grenztor Yumenguan, »Jadetorpass«, westlich von Dunhuang diente. Unter den hanzeitlichen Befestigungsanlagen gehören sie zu den bekanntesten Bauten.

Die ersten chinesischen Grenzbefestigungen, von denen wir sicher wissen und die auch archäologisch nachgewiesen sind, lagen nicht am Rande des damaligen chinesischen Siedlungsgebiets, sondern mitten drin: Die Chinesen haben sie zunächst zum Schutz vor ihresgleichen angelegt. Zu jener Zeit, etwa zwischen dem 7. und dem 4. Jh. v. Chr., hatte das Königshaus der Zhou bereits keine Macht mehr, und die Herzöge, die an sich Lehnsnehmer des Königs waren oder hätten sein sollen, hatten selbstständige Reiche etabliert, die sich untereinander heftig befehdeten, wechselnde Allianzen schmiedeten und, wenn es ratsam schien, ihre Bündnispartner auch fallen ließen und verrieten, ihre Nachbarreiche eroberten und annektierten. So reduzierte sich die Zahl der Herzog- und Fürstentümer von der Mitte des 7. bis zur Mitte des 3. Jh.s von 17 auf 9, obwohl einer der größeren Staaten, Jin, im Jahr 376 zerfiel und statt seiner drei neue Staaten entstanden. Die Ära von 453 bis zur Reichseinigung 221 heißt denn auch nach dem Titel einer Chronik jener Jahre die »Zeit der Streitenden Reiche«.

Bruderkriege und Vertreibung der »Barbaren«

Das China von damals war viel kleiner als das heutige. Die Gegend, von der die Rede ist, umfasst im Wesentlichen das heutige Nordchina, etwa zwischen der – viel später gebauten – Großen Mauer der Ming, die man bei Beijing besichtigen kann, im Norden und dem Jangtse im Süden, zwischen dem Meer im Osten und der Gegend um die spä-

◀ Seit 1991 kennzeichnet diese steinerne Tafel bei Baotou in der Inneren Mongolei den unscheinbaren Erdwall links daneben als die »Überreste der Großen Mauer von Zhao aus der Zeit der Streitenden Reiche«; rechts auf Chinesisch, links in mongolischer Sprache.

▲ Übersicht der für die Zeit der Streitenden Reiche nachgewiesenen Mauern. Die Ziffern verweisen auf die Aufstellung auf Seite 14.

tere Kaiserstadt Xi'an im Westen. Jene Ära war gleichzeitig die große Blütezeit der chinesischen Philosophie, deren Hauptanliegen bei allen rivalisierenden Lehrschulen – Konfuzianismus, Mohismus, Taoismus, Legismus und andere – die richtige politisch-gesellschaftliche Ordnung – genauer: die Neuordnung – der chinesischen Welt war. Reisende Politikratgeber hatten Konjunktur – Konfuzius (ca. 551–479) war einer von ihnen.

Jene Jahrhunderte waren vielleicht die aufregendsten der chinesischen Geschichte. Nicht nur die alte politische Ordnung war zerstört, sondern auch die überkommene Sozialordnung, und mit der Gesellschaft wandelten sich ihre Werte – und das Kriegführen. Noch zu Zeiten von Konfuzius waren die Kriege eher eine Art Freizeitbeschäftigung des Adels mit einem strengen Ehrenkodex. Könnten wir heute eine der damaligen Schlachten verfolgen, würde uns der Anblick wohl amüsieren. Die Kombattanten, auf beiden Seiten vornehme Leute, fuhren nämlich mit leichten, einachsigen Wagen in den mit Pfeil und Bogen ausgetragenen Kampf und machten sich auf diese Weise nicht einmal die Schuhe schmutzig. Und nicht um Territorialgewinne ging es in erster Linie, sondern um die Ehre. Dann aber wurde alles anders: Infanterie und Kavallerie ersetzten die alten Streitwagen, Armbrust und Schwert die edlen Bögen, und statt um Ehre ging es nun um Macht. Im 4. Jh. v. Chr. scheint der Umbruch einen Kulminationspunkt erreicht zu haben. Und in eben jene Zeit fällt der Bau der ersten chinesischen Mauern.

Wir wissen heute von mindestens fünf solcher Grenzbefestigungen, aber wahrscheinlich gab es mehr. Aus alten Chroniken und durch archäologische Untersuchungen nachgewiesen wurden:

1. eine Mauer im Südosten des Qi-Reiches auf der Shandong-Halbinsel; ihre Entstehungszeit ist unbekannt, vermutet wird die 2. Hälfte des 5. Jh.s v. Chr.;
2. eine Mauer im Osten des Qin-Reichs (nordöstlich von Xi'an); ihre Entstehungszeit ist ebenfalls unbekannt, vermutet wird das späte 5. Jh. (um 410 v. Chr.);
3. eine Mauer des Wei-Reichs in der Gegend des heutigen Zhengzhou, der Provinzhauptstadt von Henan, gebaut vor 334 v. Chr.;
4. eine weitere Mauer des Wei-Reiches in der Gegend, in der zuvor Qin eine Mauer gebaut hatte; sie war gegen Qin gerichtet, das mittlerweile seine eigene Mauer kaum mehr brauchte, sondern stattdessen eine zielstrebige Eroberungspolitik verfolgte; diese zweite Wei-Mauer entstand um das Jahr 352 v. Chr., und schließlich
5. eine Mauer, mit der sich das im Süden gelegene Chu-Reich gegen seine nördlichen Nachbarn zu schützen suchte.

▲ Konfuzius sollte im Laufe der späteren Geschichte zum einflussreichsten der Fürstenratgeber werden, die zur Zeit der Streitenden Reiche auf der Suche nach einer neuen Ordnung von Hauptstadt zu Hauptstadt zogen – zu Lebzeiten war er allerdings wenig erfolgreich.

Diese letztgenannte Mauer gibt allerdings bis heute Rätsel auf. Nachdem man sie archäologisch in der Gegend von Süd-Henan nachgewiesen hat, wollen chinesische Historiker einen Hinweis auf sie in einer altchinesischen Chronik erkennen. Demnach hätte sie schon im Jahr 656 v. Chr. bestanden, wäre also mit großem Abstand die älteste von allen. Diese Deutung ist jedoch nicht allgemein anerkannt und wenig überzeugend. Zum einen hatte damals der Wandel in der Kriegführung noch nicht eingesetzt. Zum Zweiten weiß man aus der Geschichte, dass Neuerungen in der Verteidigungskunst sich rasch durchsetzen: Was die eine Seite hat, will die andere nicht missen. Dass die anderen Staaten mit dem Bau ähnlicher

Grenzwälle nicht sofort nachgezogen, sondern zwei- bis dreihundert Jahre gewartet haben sollen, erscheint wenig wahrscheinlich. Und drittens ist der Text keineswegs eindeutig. Der dort vorkommende Ausdruck, der »Rechteckmauer« bedeutet, wurde in der altchinesischen Kommentarliteratur vielmehr als Name eines Hügels verstanden. Im Hinblick darauf, dass die übrigen mehr oder weniger genau datierbaren frühen Mauern alle aus der Zeit zwischen dem späten 5. und der Mitte des 4. Jh.s stammen, darf man vielmehr schließen, dass die Chu-Mauer ebenfalls in dieser Zeit entstand.

Dank der Bemühungen der Archäologen wissen wir, wie diese ersten Grenzmauern aussahen: nicht anders als die meisten späteren Befestigungen auch. Verwendet wurde das in Nordchina am meisten verbreitete und billigste Material: Lehm. Innerhalb einer Holzschalung wurde er in meist etwa 10 cm starken Schichten aufgebracht, zur Stabilisierung mit Stroh- oder Reisigschichten versetzt und festgeklopft, bis er fast steinhart war – es ist nahezu das gleiche Verfahren, das bis heute für Lehmbauten verwendet wird.

Die größten Reste der gegen Qin gerichteten westlichen Wei-Mauer haben immer noch eine recht imposante Höhe von 3,5 bis 6 Metern bei 7 bis 11 Metern Dicke an der Basis. Spätere Dynastien machten sich meist nicht die Mühe, derartig massiv zu bauen, und auch die Wei-Mauer scheint über weite Strecken mit einer 2 bis 3 Meter dicken Basis sparsamer ausgeführt worden zu sein. Im Übrigen sind diese ersten chinesischen Mauern bei weitem nicht so lang wie die späteren. Die westliche Wei-Mauer beispielsweise brachte es auf maximal 300 Kilometer. Eine genaue Zahl lässt sich nicht angeben, da das Bauwerk größtenteils verschwunden ist. Die längsten erhaltenen Stücke sind etwa drei Kilometer lang, andere messen wenige hundert Meter. Über Dutzende von Kilometern blieb nichts erhalten. Die Mauern von Chu und Qi hatten mit 300 bis höchstens 400 Kilometern eine ähnliche Länge wie die von Wei, die übrigen waren kürzer. In der Summe freilich kommen die ersten Grenzwälle des alten China auch schon auf deutlich über 1000 Kilometer.

▲ Blick über den Grat eines Mauerabschnitts aus der Zeit der Streitenden Reiche nördlich von Baotou in der Inneren Mongolei. Die in dieser Region vorzufindenden Spuren werden dem Staat Zhao zugeschrieben und stammen vermutlich aus der zweiten Hälfte des 4. Jh.s v. Chr.

In den damaligen unruhigen Zeiten wahrten diese Mauern ihre Funktion oft nur für ein paar Jahrzehnte, denn fast jeder Herrscher wollte nicht nur sein Reich verteidigen, sondern das eigene Territorium auf Kosten der anderen vergrößern und möglichst gar alle anderen Staaten unterwerfen. An den Nordgrenzen der im Norden gelegenen Staaten dagegen scheint die meiste Zeit relative Ruhe geherrscht zu haben. Die in den Steppen lebenden, berittenen Randvölker, verächtlich als Barbaren bezeichnet, waren zwar manchmal lästig, aber nie eine wirkliche Gefahr gewesen, und so wurden in der ersten Welle des Mauerbaus im 5./4. Jh. auch keine Grenzwälle zum Schutz vor ihnen errichtet. »Die Rong- und Di-Barbaren leisteten Jin Tribut«, stellte Chinas berühmter Historiker Sima Qian für das 5. Jh. v. Chr. fest, mit anderen Worten: Die Steppennachbarn und der chinesische Grenzstaat Jin, im heutigen Shanxi gelegen, unterhielten diplomatische Beziehungen.

Über hundert Jahre lang ließ man einander so in Ruhe. Dann aber nahmen auf chinesischer Seite die expansionistischen Ambitionen zu, zunächst nur gegenüber den rivalisierenden Staaten, bald jedoch waren auch die »Barbaren« dran. Alle drei Nordstaaten – Qin, Zhao (ein Nachfolgestaat von Jin) und Yan – überzogen sie innerhalb weniger Jahre mit Blitzkriegen. Den Anfang machte der Qin-König Zhao, nachdem seine Mutter sich mit ihrem Liebhaber, einem Barbarenkönig, entzweit und ihn ermordet hatte: Sein Heer besetzte den Westteil des Ordosgebiets – der großen Schleife des Gelben Flusses – bis an den Rand der Wüste. Der Staat Zhao tat es ihm auf der östlichen Seite des Gelben Flusses gleich und drang bis nördlich des Ordosgebietes vor.

Yan, schrieb Sima Qian, trieb die östlichen Hu-Barbaren »mehr als tausend *li* (über 500 km) zurück«. Und sogleich sicherten alle drei Staaten das eroberte Gebiet gegen die militärisch offenbar unterlegenen Steppenvölker durch Grenzmauern. Zwei dieser Eroberungen, und damit der Bau der entsprechenden Mauern, sind aus den Quellen ziemlich genau auf die Zeit zwischen 306 und 298 v. Chr. datierbar; die dritte, die Yan-Mauer, entstand vermutlich nur wenige Jahre später.

Die Lehmwälle, die in dieser zweiten Welle des Mauerbaus entstanden, waren deutlich länger als die 50–100 Jahre älteren. Die Yan-Mauer, mit geschätzten 2000 Kilometern die längste, reichte bis ins heutige Nordkorea. Alle drei Mauern scheinen in großer Eile möglichst billig ausgeführt zu sein. Von der Zhao-Mauer und der Qin-Mauer beispielsweise ist bekannt, dass sie möglichst in Tälern verliefen und Hügel in gerader Linie überquerten. Die Qin-Mauer, die in der Provinz Shaanxi 1800 Jahre später über weite Strecken von der Ming-Mauer überbaut wurde, ist an der Basis oft nur zwei bis drei Meter (stellenweise bis über vier Meter) dick. Auch die bei Baotou in der Inneren Mongolei zu besichtigenden Reste der Zhao-Mauer sind ähnlich dimensio-

◀ Reste der Zhao-Mauer aus der Zeit der Streitenden Reiche nordöstlich von Baotou. Durch die jahrhundertelange Verwitterung sind die Überreste der frühen Mauern auf den ersten Blick kaum von natürlichen Erhebungen zu unterscheiden.

▶ Blick in den Querschnitt des auf der gegenüberliegenden Seite abgebildeten Überrests der Zhao-Mauer nordöstlich von Baotou. Deutlich sind am erodierten Durchbruch die 6–10 cm starken Stampflehmschichten zu erkennen.

niert. Für Reiter stellten sie zweifellos ein Hindernis dar, waren aber nur mit ziemlichem Personalaufwand zu verteidigen. Vereinzelt erhalten gebliebene Reste von Wachttürmen bezeugen denn auch, dass sich die drei Nordstaaten zur Sicherung ihrer Eroberungen nicht auf die Grenzwälle als solche verließen. Yan baute in den annektierten Gebieten auch eine Verwaltung auf und scheint dort Leute angesiedelt zu haben, und ähnlich handhabten es wohl auch die anderen zwei Nordstaaten. Jedenfalls hatten die Eroberungen Bestand. Für die nächsten 100 Jahre ist in den Quellen keine Rede davon, dass die »Barbaren« versucht hätten, ihr angestammtes Land zurückzuerobern.

Die Große Mauer des Ersten Kaisers

Im Jahr 221 v. Chr. ging Qin aus den jahrhundertelangen Kämpfen um die Herrschaft über das gesamte damalige China als Sieger hervor. König Zheng war sich der Größe seines Werks, das »Land unter dem Himmel« geeinigt zu haben, voll bewusst und wählte sich sogleich einen neuen, unerhörten Titel: Erster Erhabener Kaiser von Qin, chinesisch: Qin Shi Huangdi, um so, wie er seinen Ratgebern erklärte, seine »Leistung der Nachwelt zu bekunden«.

Der Reichseiniger war mit seinen Erfolgen jedoch noch nicht zufrieden, sondern entschlossen, noch Größeres zu vollbringen. Auf weiten Inspektionsreisen erkundete er zunächst drei Jahre lang das Reich. Dann, im Jahre 215 v. Chr., ging er erneut auf Tour, dieses Mal zur Inspektion der Nordostgrenze. Dort trat eines Tages ein Mann vor ihn hin, der zur See gefahren war und berichtete, dort hätten Geister ihm eine Botschaft überbracht, die lautete: »Die Nordbarbaren werden Qins Untergang bewirken«. Sogleich, so schildert es der Historiker Sima Qian, habe der Kaiser, von Angst gepackt, seinen General Meng Tian mit einer Armee von 300 000 Mann nach Norden gegen die Barbaren ins Feld ziehen lassen. Noch im selben Jahr wurde das gesamte Ordosgebiet erobert.

Während der Kaiser im nächsten Jahr auch mit der Eroberung Südchinas beginnen ließ, ging der Feldzug im Norden weiter. Am Gelben Fluss wurden Befestigungen angelegt, doch das genügte dem Herrscher nicht: General Meng erhielt den Befehl, über den Fluss zu setzen und auch einen in den nördlich davon gelegenen Bergen befindlichen Pass einzunehmen. In seiner Biographie des Generals beschrieb Sima Qian die Ereignisse so:

▶ Dem Reichseiniger Qin Shi Huangdi verdanken wir die 1974 entdeckte Tonsoldatenarmee, die sein Grab unweit von Xi'an bewacht und uns so nebenher detailliert veranschaulicht, wie die Soldaten damals aussahen und wie das Heer gerüstet war. Geschützt durch lederne Panzer und in Marschformation aufgestellt, trägt jeder Krieger individuelle Gesichtszüge und besondere Haartracht, die ihn als Angehörigen eines der vielen Völker kennzeichnen, die in und um das Reich Qin ansässig waren.

»Als Qin das Reich geeint hatte, wurde Meng Tian mit 300 000 Mann in den Norden geschickt, die Rong- und Di-Barbaren zu vertreiben. Er nahm das Land südlich des Gelben Flusses ein, baute eine lange Mauer und befestigte die Pässe gemäß dem Terrain von Lintao (im Westen) bis Liaodong (im Osten) über eine Entfernung von über 10 000 Meilen (etwa 5000 km). Dabei querte die Mauer den Gelben Fluss und wand sich an den Yang-Bergen nordwärts.« Lintao, heute Minxian, liegt 250 Kilometer westlich von Xi'an, Liaodong ist die Liaodong-Halbinsel kurz vor der koreanischen Grenze. Die Luftlinienentfernung zwischen beiden liegt bei 1800 Kilometern.

Damals, im Jahr 214 v. Chr., schlug also die Geburtsstunde der ersten wirklichen »Großen Mauer«, des ersten zusammenhängenden Grenzwalls im Norden des neuen chinesischen Großreichs. Wieder aber waren es keineswegs die Nordbarbaren gewesen, die China überfallen oder auch nur bedroht hätten, sondern China hatte – wenn man Sima Qian folgen darf, allein aufgrund einer windigen Weissagung, die der abergläubische Herrscher ernst nahm – aus freien Stücken gegen die nördlichen Nachbarn losgeschlagen und einen neuen Grenzwall zur Sicherung und Einverleibung des eroberten Territoriums erbaut.

Das kriegerische neue Reich fürchtete nun zu Recht die Rache der aus ihrer angestammten Heimat Vertriebenen. Also galt es, vollendete Tatsachen zu schaffen. Die neuen Landesteile, nach der Vertreibung der »Barbaren« menschenleer, sollten daher auch dauerhaft gesichert und nomadischem Zugriff entzogen werden. So legte Meng Tian nicht nur neue Grenzbefestigungen an, sondern auch, wie Sima Qian an anderer Stelle schreibt, »44 befestigte Kreisstädte am Fluss, und er verlegte zum Grenzdienst

◀ Im Gegensatz zu vielen anderen Überresten aus der Frühzeit des Mauerbaus besteht diese Mauer aus der Qin-Zeit (3. Jh. v. Chr.) – ebenfalls in der Gegend um Baotou zu finden – aus lose aufeinander geschichteten Natursteinen. Dies lässt sich durch die Lage der Mauer in den Höhen eines Berghangs erklären, in dessen unmittelbarer Umgebung Lehm als Baumaterial nicht zur Verfügung stand.

▶ Die Qin-Mauer bei Baotou wurde am äußeren, nördlichen Hang knapp unterhalb des Bergkamms errichtet und folgt dabei dem natürlichen Verlauf des Gebirges.

Verurteilte dorthin, um sie zu füllen«. Drei Jahre später wurden 30 000 Familien in die neuen Lande umgesiedelt.

Ist es aber wirklich glaubhaft, dass Qin innerhalb kurzer Zeit – sieben Jahre nach Baubeginn war die Dynastie schon am Ende – ein derartig gewaltiges Bauprojekt wie die Große Mauer nicht nur in Angriff nahm, sondern auch fertig stellte? Zweifel daran sind auch deswegen erlaubt, weil der Mauerbau ja nur eines in einer ganzen Reihe äußerst kostspieliger Vorhaben war, mit denen der ambitionierte Kaiser damals das Volk an die Grenzen seiner Leidensfähigkeit brachte (und dadurch den Nährboden für Aufstände bereitete). Da wurden Fernstraßen gebaut, Südchina wurde erobert und besiedelt, da entstand eine märchenhafte Palastanlage für das Diesseits und eine nicht minder aufwendige für das Jenseits – das Mausoleum des Kaisers mit der berühmten Terrakottaarmee. Allein für die zwei letztgenannten Projekte sollen 700 000 Mann abkommandiert worden sein. Was also wurde von der großen Qin-Mauer tatsächlich verwirklicht?

Einer nahe liegenden Theorie zufolge verband General Meng Tian dort, wo es möglich war, einfach die existierenden, kaum 100 Jahre alten Mauern miteinander. Zumindest bei den Mauern von Zhao und Yan, die ungefähr auf einer Linie lagen, wäre dies leicht möglich gewesen; es ist also eine plausible Vermutung, dass Meng Tian diesen Umstand ausnützte. Die alte Qin-Mauer dagegen verlief diagonal durchs Ordosgebiet und war nun funktionslos geworden. Im Westen wäre daher eine neue Linienführung nötig gewesen, sofern man sich nicht auf den hier von Süd nach Nord

Die ersten Nordmauern in den »Aufzeichnungen des Historikers«

Die um 100 v. Chr. entstandenen Aufzeichnungen des Historikers Sima Qian, das erste umfangreiche Geschichtswerk Chinas, stellt im Kapitel über die Xiongnu, dem damals größten Nomadenvolk an Chinas Nordgrenze, jene Ereignisse im Zusammenhang vor, die nach dem Bau innerchinesischer Grenzwälle zur zweiten Welle des Mauerbaus führten. Die erwähnten Staaten Wei, Zhao, Han, Qin und Yan sind chinesische Herzog- und Königtümer, die verschiedenen als »Barbaren« bezeichneten Völker sind größtenteils Stämme der Xiongnu.

»Wei erhielt das Gebiet westlich des Gelben Flusses und die Obere Provinz und hatte so eine gemeinsame Grenze mit den Rong-Barbaren. Danach legten die Rong-Barbaren von Yiqu zu ihrem Schutz Festungen mit doppelten Wallringen an, doch Qin fraß sich langsam immer weiter vor. Dann, unter König Hui [reg. 337–311 v. Chr.], eroberte Qin 25 Festungen der Yiqu. König Hui griff Wei an, und Wei trat das Gebiet westlich des Gelben Flusses und die Obere Provinz gänzlich an Qin ab.

Zur Zeit des Königs Zhao von Qin [reg. 306 –251] kam es zu einer unsittlichen Beziehung zwischen dem Barbaren-König von Yiqu und Königin Xuan [König Zhaos Mutter]; aus der Liaison gingen zwei Kinder hervor. Königin Xuan stellte dem König von Yiqu eine Falle und tötete ihn im Süßquellpalast, danach stellte Qin ein Heer auf, unternahm einen Straffeldzug gegen Yiqu und zerschlug es. So kam Qin in den Besitz von Longxi [Südost-Gansu], dem Nordland [im Ordosgebiet] und der Oberen Provinz, und Qin baute eine lange Mauer, um die Hu-Barbaren abzuwehren.

Auch König Wuling von Zhao [reg. 325–298] ließ entgegen dem üblichen Brauch Barbarenkleidung [Reitkleidung] tragen sowie Reiten und Schießen üben und unternahm einen Sturmangriff nach Norden gegen die Wald-Hu-Barbaren und gegen [die Barbaren von] Loufan. Er erbaute eine lange Mauer von Dai aus an den Yin-Bergen entlang bis Gaoque als Grenzfestung. [...]

Später hatte Yan einen weisen General namens Qin Kai. Er war als Geisel bei den Barbaren gewesen, und diese vertrauten ihm völlig. Zurückgekehrt, unternahm er einen Sturmangriff auf die Ostbarbaren und schlug sie in die Flucht; die Ostbarbaren wichen mehr als tausend Meilen zurück. [...] Auch Yan baute eine lange Mauer, sie reichte von Zaoyang bis Xiangping. Um die Barbaren abzuwehren, richtete Yan die Provinzen Shanggu, Yuyang, Youbeiping, Liaoxi und Liaodong ein. [...]

Als Qin später die sechs anderen Staaten vernichtet hatte [221 v. Chr.], schickte der Erste Kaiser den Meng Tian mit 100 000 Soldaten nach Norden um die Barbaren anzugreifen. Das ganze Land südlich des Gelben Flusses wurde eingenommen. Dem Fluss folgend, legte Meng Tian Grenzfestungen an, baute 44 befestigte Kreisstädte am Fluss und verlegte zum Grenzdienst Verurteilte dorthin, um sie zu füllen. Auch legte er eine gerade Straße an, die von Jiuyuan [bei Baotou] nach Yunyang [bei Xi'an] führte. Er ergänzte, was gemäß den Grenzgebirgen, Abgründen und Tälern an Barrieren ergänzungsbedürftig war. Dies ging von Lintao [im Westen] bis Liaodong [im Osten] über mehr als 10 000 Meilen. Auch querte [die Verteidigungslinie] den Gelben Fluss ...«

verlaufenden Gelben Fluss als natürliche Barriere verlassen wollte. Leider ist die Erforschung der Qin-Mauer bis heute noch nicht weit genug fortgeschritten, um sagen zu können, wie viele Kilometer neuer Mauer damals tatsächlich neu erbaut wurden und ob wirklich die ganze Strecke von Lintao aus zunächst nach Norden bis zum Gelben Fluss, dann am Ufer entlang weiter nordwärts, dem Bogen folgend nach Westen abknickend und schließlich über Berg und Tal weit nördlich der späteren Ming-Mauer verlaufend bis zum Gelben Meer als geschlossenes Bauwerk realisiert wurde. Vermutlich war dies nicht der Fall, zumindest westlich des Gelben Flusses wurden bislang keine Spuren der Qin-Mauer entdeckt. Nördlich von Baotou aber blieben Reste erhalten, und diese einmal genauer zu betrachten, ist überraschend aufschlussreich:

Auf den ersten Blick ist schon seltsam, dass die Erbauer der Qin-Mauer dort darauf verzichtet haben, sich der existierenden

▲ Diese beiden Reiterfiguren aus der Zeit der Östlichen Han-Dynastie demonstrieren die Wehrhaftigkeit der Han-Armee. Sie gehören zu einem längeren Tross bronzener Soldaten, der dem Herrn eines Grabes in Wuwei, Provinz Gansu, zum Schutz und Geleit ins Jenseits dienen sollte.

Zhao-Mauer zu bedienen, und statt dessen nur etwa 40 Kilometer weiter nördlich parallel dazu eine neue Mauer errichteten, die sich im Bereich von Baotou über 120 Kilometer verfolgen lässt. Diese unterscheidet sich von der Zhao-Mauer in bezeichnender Weise: Sie verläuft nicht, wie jene, im Tal, sondern, wo immer es geht, an den Nordhängen der sich dort in Ostwestrichtung erstreckenden Berge, und zwar relativ hoch, unweit des Kammes. Dort besteht sie dann auch nicht aus Lehm – der an den steinigen Hängen nicht zur Verfügung stand –, sondern aus geschichteten, kaum behauenen Natursteinplatten. An anderen Stellen wurde jedoch auch von den Qin-Baumeistern Stampflehm verwendet, an wieder anderen, je nach Verfügbarkeit der Baustoffe, kamen Naturstein und Lehm gemischt zum Einsatz. Der Verlauf am Hang bot – trotz höherem Aufwand als beim Bau in den Tälern – offenkundig einen doppelten Vorteil: Vor allem war eine solche Mauer viel wehrhafter, denn die Angreifer mussten sich bergauf vorankämpfen und die Verteidiger genossen die bessere Über-

▶ Der stark verwitterte Wachtturm am Jadetorpass (Yumenguan) gehörte zur Wehranlage der hanzeitlichen Mauer bei Dunhuang. Der massive Turm wurde aus Lehmziegeln errichtet.

◀ Tonmodell eines Wachtturms der Han-Zeit. Trotz ihres vereinfachenden Stils sind die Architekturmodelle und Miniaturen alltäglicher Gegenstände aus der Han-Dynastie, die zumeist adligen Verstorbenen mit ins Grab gegeben wurden, erstaunlich detailreich.

sicht. Gegenüber einer Mauer entlang der Bergkämme dagegen ließ sich Material und Arbeit sparen: Je nachdem, wie steil der Hang war, fiel die Innenseite der Mauer um Einiges niedriger aus als die Außenseite, zudem stabilisierte der Hang die Mauer im unteren Teil zusätzlich, sodass sie auch weniger dick musste als eine Mauer in der Ebene oder hoch oben auf dem Bergrücken. Tatsächlich sind die bis heute erhaltenen Reste der Steinmauer kaum erodiert – stellenweise gerade mal einen Meter stark bei zwei, drei Metern Höhe auf der Außenseite.

Betrachtet man alle Merkmale im Zusammenhang, so entsteht der Eindruck eines großartigen Planes, aber hastiger Umsetzung. Die Zhao-Mauer mochten General Meng Tian und seine Ingenieure offenbar deswegen nicht wieder verwenden, weil ihnen deren Anlage im Tal als ungeschickt und nicht wehrhaft genug erschien; vielleicht empfanden sie den Vorgängerbau auch als nicht würdig genug, das großartige neue Einheitsreich zu schützen. Der Plan eines Neubaus entlang den Nordhängen war demgegenüber innovativ und hinsichtlich seiner Vorteile – Wehrhaftigkeit und Stabilität bei gleichzeitig rationeller Bauweise – wohl durchdacht. Bei der Ausführung waltete dann, wie es scheint, weniger Sorgfalt: Die Natursteinplatten wurden weitgehend lose aufeinander geschichtet, die mangelnde Dicke der Mauer erleichterte es den eventuellen Feinden, im Schutz der Nacht eine Bresche hineinzuschlagen, und wo auf eine genügend große Höhe auf der Innenseite verzichtet wurde, bedeutete dies, dass die Verteidiger vor den Pfeilen der Angreifer hinter der Mauer keinen Schutz finden konnten. In der nachfolgenden Han-Dynastie sollte sich zeigen, dass von der Qin-Mauer tatsächlich keine nennenswerte Schutzwirkung ausging.

▶ Die Überreste eines hanzeitlichen Mauerabschnitts bei Bianqianghao im Kreis Baotou (Innere Mongolei).

◀ Tonmodell eines Torbaus aus der Han-Zeit. Das Tor selbst wird von zwei mit Hellebarden bewaffneten Soldaten bewacht; hinter dem Tor patrouillieren zwei weitere Wachsoldaten.

Mauerbau und Diplomatie: Die Grenzwälle des Han-Reichs

Als General Meng Tian im Jahr 209 v. Chr. starb und das Qin-Reich drei Jahre später in einer Serie von Aufständen und Machtkämpfen zerfiel (bei denen auch das Grab des Ersten Kaisers geplündert und seine tönerne Grabwächterarmee zerschlagen wurde), sahen die Xiongnu, die »Nordbarbaren«, ihre Zeit gekommen und kehrten über die nun unbewachte Mauer wieder in ihre alten Lande im Ordosgebiet zurück. Bislang waren sie für China zwar durch gelegentliche Überfälle lästig, aber nicht bedrohlich gewesen. Die Xiongnu hatten keinen eigenen Staat, und ihre diversen, über riesige Gebiete verteilten Stämme waren klein und bekriegten sich zuweilen auch gegenseitig. Nun aber brach mit dem ehrgeizigen Stammeshäuptling Modu eine neue Zeit an. Nachdem sich der neue Führer in Meng Tians Todesjahr durch einen Putsch gegen seinen Vater an die Spitze gesetzt hatte, zog er zunächst gegen andere Xiongnu-Stämme aus, beseitigte eventuelle Rivalen und einigte die Stämme. Dann wandte er sich gegen China.

Schon bei seinem ersten Feldzug gegen das Han-Reich gelang es ihm, das vom Kaiser persönlich befehligte Heer zu umzingeln, ein geradezu traumatischer Schock für die neue Dynastie. Da die bestehenden Grenzwälle und befestigten Städte für den zum Kampf entschlossenen Modu und seine Truppen kein ernstliches Hindernis darstellten und die Xiongnu trotz eines Friedensabkommens weiterhin chinesische Grenzstädte überfielen und plünderten, sahen sich der Dynastiegründer und seine Thronerben über mehrere Jahrzehnte gezwungen, sich an der Nordgrenze auf andere Weise Ruhe zu verschaffen: durch eine kostspielige Beschwichtigungspolitik.

Als Erstes durfte sich Modu über eine Prinzessin freuen, die ihm der Kaiser als Bettgenossin – und als Geisel – schickte, dann folgten jährliche Tributzahlungen, zu denen sich das Han-Reich verpflichten musste: festgelegte Mengen an Seide, Schnaps, Reis und weiteren Nahrungsmitteln. Das weckte bei den Beschenkten freilich mit der Zeit immer neue Begehrlichkeiten, und schließlich begannen die Überfälle und Kriege aufs Neue. Mal wurden Gesandte als Geiseln festgehalten, mal liefen Generäle mitsamt ihren Truppen lieber zu den Xiongnu über als sich niedermetzeln zu lassen. Erst als Han-Kaiser Jing Märkte zum Grenzhandel mit den Xiongnu einrichtete, kehrte eine Zeit lang wieder Ruhe ein.

Der berühmteste aller Han-Kaiser, Kaiser Wu, »der Militärische«, der im Jahr 140 v. Chr. auf den Thron kam, machte schließlich Schluss mit der Beschwichtigungspolitik und brach absichtlich den Frieden, indem er den Xiongnu-Herrscher mit seinen Truppen in einen Hinterhalt lockte. Das Vorhaben misslang. Von nun an herrschte Kriegszustand, und die erstarkten Xiongnu kannten bei ihren Attacken auf die

Wer waren die »Nordbarbaren«?

Es ist eine kaum überschaubare Zahl von berittenen Völkerschaften, die im Laufe von 2500 Jahren zwischen Korea im Nordosten, dem Gebiet der heutigen zentralasiatischen GUS-Republiken und Tibet als Viehhirten, Pferdezüchter oder Jäger lebten, wanderten, Reiche bildeten und die verschiedenen chinesischen Dynastien in militärische Auseinandersetzungen verwickelten, ehe sie sich auf die eine oder andere Art wieder aus der Weltgeschichte verabschiedeten. Nur die Mongolen, die Tibeter und die Osttürken in Gestalt der Uiguren haben als Völkerschaften mit eigener Sprache und eigenen Traditionen überdauert und machen der chinesischen Regierung auch heute noch Kummer.

Die rätselhaften Xiongnu waren das erste dieser Völker, über die uns – oft nur aus chinesischen Quellen – einiges bekannt ist. Der altchinesische Historiker Sima Qian berichtete über sie: »Sie haben vor allem Pferde, Rinder und Schafe, aber auch seltenere Tiere wie Kamele, Esel, Maultiere und Wildpferde ... Sie ziehen umher auf der Suche nach Wasser und Weideland und haben keine befestigten Städte oder festen Häuser; auch betreiben sie keinen Ackerbau. ... Schon die kleinen Jungen beginnen mit dem Lernen, indem sie auf Schafen reiten und mit Pfeil und Bogen Vögel und Ratten jagen, oder, wenn sie älter sind, Füchse und Hasen, die sie verzehren. Daher verstehen sich alle jungen Männer aufs Bogenschießen und finden sich im Falle eines Krieges zu bewaffneter Kavallerie zusammen.«

Aus den wenigen Sprachzeugnissen, die aus den chinesischen Quellen überliefert sind, konnte erschlossen werden, dass die Xiongnu ein altaisches Idiom sprachen, also einer Sprachgruppe angehörten, zu der auch das Türkische und das Mongolische gerechnet wird. Ein Teil der Xiongnu wurde später in Nordchina sesshaft und ging im chinesischen Volk auf, ein Teil zog sich weit nach Norden zurück und verschwand dann aus der Geschichte; vielleicht wurden sie zu Urahnen der

▶ Links: Darstellung eines Kamelreiters, Bronzeplatte aus der Westlichen Han-Dynastie, 1. Jh. v. Chr. Baktrische Kamele gelangten bereits in vorchristlicher Zeit aus dem Gebiet der Xiongnu nach China.

▶▶ Mitte: Diese Monumentalplastik zeigt einen Krieger der Xiongnu, der von einem Pferd niedergetrampelt wird. Sie stammt aus der Grabanlage des Han-Generals Huo Qubing, der um 122 v. Chr. die Xiongnu in einer entscheidenden Schlacht besiegte.

▶▶▶ Rechts: Tangzeitliche Darstellung eines Mongolen. »Barbarenvölkern« wurden in der chinesischen Kunst fast ausnahmslos mit stark überzeichneten Gesichtern (große Nasen, breite Münder, aufgerissene Augen, lange Bärte etc.) dargestellt.

späteren Mongolen. Eine dritte Gruppe zog nach Westen. Spekuliert wird, dass sie später, im 4. Jh., als Hunnen an den Ostgrenzen Europas auftauchten. Ein Beweis dafür fehlt aber noch.

Eine Zeit lang, vor allem vom 5. bis zum frühen 7. Jh., spielten in den Steppen nördlich der chinesischen Mauern mächtige Turkvölker die Hauptrolle. Zuvor hatten die Tabgatsch (chinesisch: Toba), ein Nomadenstamm des untergegangenen Xianbei-Volks, Nordchina erobert; wie so viele andere, wurde er in China sesshaft und »verschwand« nach dem Ende seiner Dynastie (Nördliche Wei) im chinesischen Volk. Später, im 8. Jh., drangen Tibeter – auch sie lebten vorwiegend als Nomaden – nach China ein. Der nordosttibetische Stamm der Tanguten gründete im Bereich der heutigen Provinzen Gansu und Ningxia 1038 das Xixia-Reich, das bis 1227 Bestand hatte – bis die Mongolen kamen.

Dieses kriegerischste aller Steppenvölker war nach über 2000 Jahren chinesischer Geschichte das erste, dem die völlige Eroberung Chinas gelang. Dschingis Khan hatte die bis dahin bedeutungslosen Hirtenstämme 1206 geeint. Von seinem Stammsitz Karakorum (350 Kilometer westlich von Ulan Bator) aus führten sie ihre mächtigen Feldzüge dann innerhalb weniger Jahrzehnte über Russland bis nach Ungarn, an die Oder (Schlacht bei Liegnitz 1241, die die Mongolen unter Dschingis Khans Enkel Batu gewannen), nach Persien und Indien. Während das riesige Mongolenreich in West- und Mittelasien ab 1259 wieder zerfiel, schritt die Eroberung Chinas voran. 1270 gründete Khubilai Khan in Peking die Yuan-Dynastie, zehn Jahre später war ganz China unter mongolischer Herrschaft.

Noch ein zweites Mal wurde China von Norden her erobert: 1644 durch die Mandschus. Unter ihrem früheren Namen Dschurdschen (Jürchen) hatten sie bereits 1115 bis 1234 einmal über Nordchina geherrscht (Jin-Reich). Als sie China im 17. Jh. erneut – und nun vollständig – besetzten (Qing-Dynastie), kamen sie jedoch nicht als Barbarenhorden aus der Wildnis, sondern hatten sich bereits kulturell an China angepasst und chinesische Organisationsformen übernommen. Laut offizieller chinesischer Zählung leben heute noch 9,85 Millionen Mandschus, aber ihre Sprache und Schrift haben sie längst mit der chinesischen vertauscht.

Grenzregion keine Hemmungen mehr. Einfach aber war ihnen nicht beizukommen. Über Jahre erlitten beide Seiten immense Verluste.

Im Jahr 127 v. Chr. griff das Han-Reich dann eine frühere Verteidigungstradition wieder auf: den Mauerbau. Nachdem eine chinesische Armee im und am Ordosbogen, der großen Schleife des Gelben Flusses, »einige Tausend Feinde gefangen genommen oder getötet und über eine Million Stück Vieh erbeutet hatte«, begann man damit, die Befestigungen, die rund 90 Jahre zuvor der Qin-General Meng Tian am Gelben Fluss errichtet hatte, zu restaurieren und zu ergänzen. Auch wenn sie die Barbaren weder davor noch danach von Übergriffen abhalten konnten, hatte sich ein Teil der Wehranlage doch als überaus nützlich erwiesen: das System der Signaltürme. Als Wachttürme folgten sie dem Mauerverlauf, entlang bestimmter Routen – vor allem in Richtung auf die Hauptstadt – wurden jedoch auch im Landesinneren Türme errichtet. Mittels Rauch- und Flaggenzeichen bei Tage und Signalfeuern bei Nacht konnte man so die Nachricht von einem Angriff innerhalb kurzer Zeit in die Hauptstadt übermitteln, sodass rasch weitere Truppen anrücken konnten. Solche Netze optischer Telegrafen, die dank bestimmter, festgelegter Codes auch wichtige Einzelheiten übermitteln konnten, wurden auch später gepflegt. Erst durch sie gewannen die Mauern, die einen Ansturm nur kurzfristig aufhalten, aber nicht verhindern konnten, einen Sinn.

Der eigentliche Mauerbau der Han-Dynastie stand aber noch bevor. Schon im Jahr nach seiner Thronbesteigung hatte Kaiser Wu einen Gesandten ausgeschickt, der versuchen sollte, weiter im Westen, in Zentralasien, Verbündete im Kampf gegen die Xiongnu zu gewinnen. Den Namen dieses Gesandten sollte man sich merken: Zhang Qian. Er wurde der erste chinesische Forschungsreisende; sein abenteuerliches Leben

gäbe Stoff zu einem tollen historischen Roman. Auf seiner waghalsigen Expeditionstour geriet er erst einmal zehn Jahre lang bei den Xiongnu in Gefangenschaft. Dann gelang ihm die Flucht, und er setzte seine Mission westwärts bis nach Fergana im heutigen Usbekistan fort. Im Jahr 126 war er wieder zurück in China. Später machte er die Reise noch ein zweites Mal. Zhang Qians Berichte eröffneten der chinesischen Politik völlig neue Perspektiven: Um Verbündete im Westen zu gewinnen, brauchte das Han-Reich, so erkannte er, eine sichere Verbindung dorthin, die gleichzeitig als Handelsweg dienen konnte, denn die Völker im Westen, so hatte Zhang erfahren, waren brennend an chinesischen Waren interessiert. Durch Handel ließe sich also ihr Interesse an einem Bündnis mit China festigen.

Von nun an zielten die chinesischen Feldzüge in zwei Richtungen: wie zuvor schon nach Norden, jetzt auch nach Westen. Im Jahr 124 v. Chr. war man so weit: Zwei Militärexpeditionen führten in den so genannten Gansu-Korridor, das nördlich des Qilian-Gebirges verlaufende Durchgangsgebiet, durch das die Seidenstraße führt; 1500 Jahre später sollte hier einmal die Große Mauer der Ming enden. Bei der erfolgreichen Aktion sollen 48 000 Feinde gefangen genommen oder getötet worden sein.

▲ Die Ruinen des Stützpunkts Hecang östlich des Jadetorpasses, dessen Grenztruppen von hier mit Getreide versorgt wurden.

◀ Die Oasenstadt Dunhuang war schon zur Han-Zeit eine wichtige Station der Seidenstraße. Die Mogao-Grotten mit ihren zahllosen Buddhadarstellungen entstanden jedoch erst ab dem 4. Jh. n. Chr.

▶▶ Folgende Doppelseite: Ihre gewaltigen Mauern lassen die Festung am Yumenguan nahezu uneinnehmbar erscheinen.

Vielleicht noch wichtiger war, dass anschließend ein Xiongnu-Häuptling aus dieser Gegend mit 40 000 Mann zum Han-Reich überlief. Um das eroberte Territorium zu bevölkern und sichern zu helfen, siedelte der Kaiser »arme Leute« dorthin um. Der entscheidende Schlag gegen die Xiongnu folgte im Jahr 119 in Form zweier gleichzeitig durchgeführter Nordfeldzüge. Zuvor hatte sich der Xiongnu-Herrscher, Nachfolger des großen Modu, mit seinem Tross in die Gegend von Ulan Bator, jenseits der Wüste Gobi, zurückgezogen, da er hoffte, die chinesischen Armeen so ins Verderben locken zu können. Seine Rechnung ging aber nicht auf. Die Chinesen hatten sich für den langen Marsch in den unwirtlichen Norden reichlich verproviantiert und schlugen die Xiongnu derart vernichtend, dass diese sich davon nie mehr richtig erholten.

Die neue Friedenszeit nutzte das Han-Reich, seine Gebietsgewinne gegen zukünftige Attacken zu sichern. Zu dem Zweck folgte ab 105 v. Chr. eine weitere, aufwendigere Phase des Mauerbaus, und zwar, entsprechend den Eroberungen, in zwei räumlich weit auseinander liegenden, aber etwa gleichzeitig realisierten Abschnitten.

Die eine Mauer sicherte die Annexionen nördlich des Ordosgebietes. Möglicherweise schloss sie im Bereich von Hohhot, der heutigen Hauptstadt der Inneren Mongolei, an die alte Qin-Mauer an, verlief dann aber in nordwestlicher Richtung weit nördlicher. Dabei handelte es sich nicht nur um eine einfache, sondern gleich um eine doppelte Mauer, deren äußere etwa 30 bis 70 Kilometer nordöstlich vor der inneren errichtet wurde. Diese äußere Linie reicht nordwestlich von Baotou bis in das Gebiet der heutigen Äußeren Mongolei hinein. Beide Mauern sind in den 90er-Jahren von chinesischen Archäologen dokumentiert worden. Viel blieb von ihnen nicht erhalten, an vielen Stellen sind sie an der Oberfläche völlig verschwunden, oft wurden die erodierten Reste von Bauern, die sich dort in den letzten 150 Jahren verstärkt angesiedelt haben, irgendwann untergepflügt. An anderen Stellen jedoch zieht sie sich noch als unscheinbarer, sanft gerundeter, schnurgerader Erdwall von gerade mal einem Meter Höhe unter dem hohen Himmel der mongolischen Steppe durchs weite, grasbewachsene Hügelland. Das in der Äußeren Mongolei verlaufende Stück scheint noch nicht erforscht zu sein, die genaue Länge der gesamten Mauer ist daher nicht bekannt, sie muss aber mindestens bei etwa 300 Kilometern gelegen haben.

Die andere Han-Mauer ist heute die interessantere, und schon zur Entstehungszeit muss sie das spektakulärere Bauwerk gewesen sein, reicht sie doch entlang der Seidenstraße – eben jener Handels- und Reiseroute, die Zhang Qian mit seinen Forschungsreisen für das Han-Reich erschloss – weit nach Westen sowie, entlang dem Fluss Edsen Gol, mit einem schmalen Ast nach Norden bis in die Gobi hinein, alles in allem eine Strecke von mindestens 2000 Kilometern. Dort, am Rande der Wüste, blieb von ihr zwar auch nicht viel übrig, aber an einigen Stellen ist sie deutlich besser erhalten als die gleich alten Mauern in der Mongolei. Hierzu mag beigetragen haben, dass es in der kieselübersäten, dürren Einöde keine pflügenden Bauern gibt. Auch die Erosion durch Niederschläge fällt hier geringer aus, dafür sind jedoch die Sandstürme heftiger.

Die besten Reste dieser Mauer sind heute 80 Kilometer westlich von Dunhuang zu sehen. Dort steht am Rande eines periodischen Wüstenflusses, des Shule He, der hier in einem ausgedehnten Sumpf versickert, das festungsartige Grenztor Yumenguan, »Jadetorpass«. Unter den hanzeitlichen Befestigungsanlagen ist es der bekannteste Bau: ein wuchtiger Lehmklotz, annähernd quadratisch im Grundriss bei 24 mal 26 Metern Seitenlänge und knapp zehn Metern Höhe. Die unten 4 und oben 3,7 Meter dicken Lehmziegelwände umschließen einen ebenfalls quadratischen Hof, zu dem zwei Durchlässe führen, einer im Westen und einer im Norden.

◀ Unvermittelt erhebt sich der massive Festungsbau des Jadetorpasses in der Wüste.

▲ Einblick durch die westliche Toröffnung in den Innenhof der Festung am Yumenguan.

Abgesehen von den Grabpyramiden der Han-Kaiser bei Xi'an ist es in China das wohl größte Bauwerk, das aus so früher Zeit noch steht.

Das unmittelbare Umfeld des Tors lässt heute keine Spuren weiterer Gebäude oder Mauern erkennen. Es gibt – oder gab – sie aber vor noch nicht allzu langer Zeit: Im Jahr 1907 führte hier der ungarisch-britische Archäologe und Forschungsreisende Aurel Stein Ausgrabungen durch und fand dabei in einer flachen Anhöhe gleich nördlich des Tors unter anderem zahlreiche schriftliche Dokumente aus dem 1. Jh. v. Chr. Die Anhöhe scheint so etwas wie ein Verwaltungsbau gewesen zu sein, der später verfiel und durch angewehten Sand in einen Buckel verwandelt wurde, dem man Zivilisationsspuren nicht mehr ansah.

Aus der Ferne laufen jedoch zwei schnurgerade Mauern auf Yumenguan zu. Eine davon, zu einem flachen, unscheinbaren Wall abgeschliffen, kommt von Süden durch die gestaltlose, topfebene Wüste aus der Richtung einer zweiten, ebenso alten Grenzfestung, des »Südpasses« (Yangguan), der jedoch knapp 60 Kilometer entfernt jenseits des Horizonts liegt. Die zweite Mauer ist die interessantere: Sie verläuft von Yumenguan entlang dem Tal des Shule-Flusses weit nach Westen. Die ersten Kilometer fehlen; dort ist der Bau vermutlich der Erosion des Talhanges, auf dem er stand, zum Opfer gefallen. Dann aber folgen einige Teile, die bis heute aus den sie säumenden Schuttwällen übermannshoch aufragen und, obwohl von Wüstenstürmen zernagt, die ursprüngliche Gestalt noch erkennen lassen: Ihre einstige Größe dürfte bei drei Metern gelegen ha-

▼ ▶ Überreste der hanzeitlichen Mauer in der Nähe des Yumen-Passes. Gut zu erkennen ist die kompakte Bauweise, bei der in regelmäßigen Abständen Strohschichten horizontal in die Lehmmauer eingelagert sind.

ben, bei vielleicht anderthalb Metern Dicke. Auffällig sind die eingelagerten dicken Schichten Schilfrohr, das offenbar aus dem Flusstal gewonnen wurde, wo bis heute reichlich Schilf wächst. Markantester Punkt ist die rund zehn Meter hohe Ruine eines aus Lehmziegeln erbauten Wachtturms, der an der Südseite der Mauer steht, ohne sie zu berühren. Weiter nach Westen verliert sich die Mauer, nun meist wieder als flacher Erdwall, in der von Myriaden von Steinchen bedeckten Wüste. Erst in jüngster Zeit wurde durch Luftaufnahmen nachgewiesen, wie weit sich diese Mauer von hier aus noch fortsetzt: bis nach Xinjiang hinein zum über 300 Kilometer entfernten, geheimnisvollen Wüstensee Lop Nor, den Sven Hedin 1938 mit seinem Buch »Der wandernde See« bekannt machte.

Diese Mauer gibt allerdings ein Rätsel auf: Was wollte sie schützen? Ihre Außenseite ist der Norden. So viel ergibt sich aus dem Standort des erwähnten Wachtturms auf der – südlichen – Innenseite. Südlich der Mauer aber ist nichts als Wüste, und das scheint auch vor 2100 Jahren nicht anders gewesen zu sein. Die räumlichen Gegebenheiten lassen vermuten, dass dieser Lehmwall nicht in erster Linie Verteidigungszwecken, sondern der Kontrolle des Verkehrs auf der Seidenstraße diente, die damals auf dem Weg ins ferne Loulan, der einstigen Handelsmetropole und heutigen

Geisterstadt am Lop Nor, diesem Flusslauf folgte. Das Han-Reich wollte mit der Mauer offenbar vor allem verhindern, dass die Karawanen die Festung des Jadetorpasses und die dortige Zollstelle und Personenkontrolle umgingen, denn am Jadetorpass fand sozusagen die Einreise ins chinesische Reich statt. Und hätte ein feindliches Reiterheer tatsächlich die Mauer umgehen und auf ihrer Südseite Richtung China stürmen wollen, so hätte das Bauwerk eben wieder den Zugang zum nahen, lebensnotwendigen Wasser behindert. Die andere, von der Jadetorfestung nach Süden verlaufende Mauer wurde, wie Aurel Stein 1907 herausfand, erst kurz vor Christi Geburt erbaut. Funde deuten daraufhin, dass der Hunderte von Kilometern nach Westen reichende Ast damals aufgegeben wurde, vermutlich aus Kostengründen; die quer nach Süden verlaufende neue Mauer diente dann als Ersatz.

13 Kilometer östlich der Jadetorfestung findet sich im Tal des Shule-Flusses mit dem Ort Hecang noch ein weiterer mächtiger Zeuge der damaligen Militärpräsenz in dieser heute menschenverlassenen und unwirtlichen Gegend: die Ruine eines Getreidespeichers. Der ockergelbe Lehmbau, von dem noch einige bis 7,6 Meter hohe Wände stehen, ist 132 Meter lang und 17 Meter breit; außerdem sind die Reste von Wachttürmen und einer Mauerumfriedung zu erkennen. Von hier aus wurden die Garnisonskantinen und Marställe beschickt. Die Lage am Wasser lässt vermuten, dass damals entlang des Flusses in großem Umfang Landwirtschaft betrieben und das Getreide per Schiff angeliefert wurde. Tatsächlich wissen wir aus Textfunden, die bei Ausgrabungen in der Wüste gemacht wurden, über die Militärorganisation der Han-

◀ ▲ Der im Grundriss viereckige Hauptbau des Getreidespeichers von Hecang wurde von einer äußeren Wehrmauer und vier Wachttürmen umgeben. Gut 20 *li* vor der eigentlichen Grenzfestung gelegen, war der Ort am Shule-Fluss ideal zur Versorgung der Garnison beim Jadetorpass geeignet.

Zeit hinreichend Bescheid. Ergänzt wird dieses Bild durch die überlieferten Geschichtswerke, vor allem die Dynastiegeschichte der Han. Aus den Dokumenten lässt sich erschließen, dass die Zahl der Menschen, die in der 55-jährigen Regierungszeit von Han-Kaiser Wu in die neu eroberten Gebiete im Nordwesten umgesiedelt wurden, bei zwei Millionen gelegen haben muss. Allein im Jahr 102 v. Chr., zu einer Zeit, als die Han-Dynastie mit dem Bau ihrer langen neuen Grenzbefestigungen befasst war, wurden 180 000 Menschen als »Wehrbauern« im mittleren Bereich des Gansu-Korridors bei Jiuquan und Zhangye angesiedelt – unter anderem zweifellos auch zum Zweck des Mauerbaus.

Bald nachdem die Kommandantur von Dunhuang gegründet worden war, hatte Kaiser Wu solche Wehrbauern gewiss auch hierher geschickt: in die Oase von Dunhuang und ins Tal des Shule-Flusses beim Jadetorpass. Treffenderweise lauten zwei alte Bezeichnungen für diese Wehrbauern »Getreidespeichersoldaten« und »Soldaten der Flüsse und Bewässerungskanäle«. Wie eng beide Aspekte zusammengehörten, ist am »Flusslagerhaus« – so der verdeutsche Name des Logistikzentrums Hecang – unübersehbar. Die Wehrbauern wurden ergänzt durch die von ihnen verpflegten Truppen, die auf den Türmen Wache schoben, im Schatten der Mauer exerzierten,

die Waffenarsenale verwalteten, Karawanen und Reisende kontrollierten oder Zoll kassierten.

Die Wehrbauern dürften in dieser Gegend wie an den meisten anderen Abschnitten auch die Hauptlast beim Mauerbau getragen haben. Aus den alten Quellen wissen wir, dass zuweilen Strafgefangene gezielt dazu abgeordnet wurden, aber selbst wenn man fleißig Missetäter verhaftete, dürften auf diese Weise allein kaum genügend Arbeitskräfte aufzubringen gewesen sein. Der reguläre Weg dürfte eher so ausgesehen haben, dass die Straftäter – und oft gewiss auch politisch missliebige Personen – ihre Strafe in der Armee abbüßten und auf diesem Wege dann auch, gemeinsam mit anderen Truppenteilen, zum Mauerbau abkommandiert wurden. Dazu gehörten Söldner und übergelaufene »Barbaren«-Truppen sowie Wehrpflichtige. Zwar bestand die Han-Armee an sich vor allem aus Wehrpflichtigen – Männer im Alter von dreißig Jahren mussten für ein Jahr Dienst tun –, die Soldaten wurden aber vorwiegend in ihren Heimatregionen eingesetzt. Zum Mauerbau an fernen Grenzen standen also von den Wehrpflichtigen nur solche zur Verfügung, die ohnehin aus der Region stammten.

◀◀ Vorhergehende Doppelseite: Teile der einstigen Außenmauer des Lagerhauses von Hecang.

▲ Trotz der fortwährenden Erosion sind die Tor- und Fensteröffnungen des Lagerhauses von Hecang noch gut zu erkennen.

▶ Auch dieser Überrest der hanzeitlichen Mauer bei Hecang weist die dem Wüstenklima trotzende Bauweise aus Stampflehm und Strohschichten auf.

Die verschwundenen Mauern des 5.–7. Jh.s

Durch die Kombination aus erfolgreichen Feldzügen, Diplomatie, Neulanderschließung und Sicherung der neuen, weit vorgeschobenen Grenzen änderte sich das Verhältnis Chinas zu den Steppenvölkern innerhalb von wenigen Jahrzehnten grundlegend und auf lange Zeit. Die einst scharfe Kulturgrenze zwischen chinesischen Ackerbauern und nomadischen Steppenvölkern verschwomm seit der Regierungszeit des Han-Kaisers Wu – also ab dem späten 2. Jh. v. Chr. –, da mit China verbündete oder zum Han-Reich übergelaufene Stämme entweder sesshaft wurden oder, falls sie nomadische Hirten blieben, durch die erfolgreichen diplomatischen Offensiven einen Wandel ihrer Interessenlage vom Kriegführen zu Handel und Kooperation erlebten. Die Folge war, dass das Bündnis der Xiongnu-Stämme zerfiel.

Diese Außenpolitik kam das Han-Reich allerdings teuer zu stehen, denn es sicherte seine neu gewonnene Stellung als asiatische Großmacht vor allem dadurch, dass es die Verbündeten dermaßen mit Geschenken überhäufte, dass sie davon abhängig wurden. Verstärkt galt dies für die Zeit nach Kaiser Wu, als keine großen Schlachten mehr zu schlagen waren, sondern es darauf ankam, das neue Bündnissystem mit den Steppenvölkern politisch zu stabilisieren und so eine Pufferzone gegenüber den entfernten, weiterhin kriegerischen Nomadenstämmen zu schaffen. Man hat errechnet, dass vom

Ende der Regierungszeit Kaiser Wus bis etwa 150 n. Chr. 30–40 Prozent der chinesischen Staatseinnahmen Jahr für Jahr in Form von Geschenklieferungen an die verbündeten »Barbaren« flossen. Diese selbst konnten so viele Seidenstoffe und andere chinesische Produkte gar nicht verwenden, sondern verkauften sie als Handelswaren weiter nach Westen – nach Indien, Persien und über Syrien bis ins Römische Reich. Auf diese Weise wandelte sich ihr nomadisches Wirtschaftssystem, überspitzt gesagt: Aus Viehzüchtern wurden Kaufleute, und die wollten ihren Hauptwarenlieferanten nicht durch Plünderungen verärgern.

Über die Seidenstraße waren chinesische Waren zwar auch früher schon nach Mittelasien und Indien gelangt, jetzt aber gewann der transkontinentale Handel eine neue Dimension und die Seidenstraße erlebte ihre erste große Blütezeit. Ergänzt wurde die Geschenkdiplomatie durch Heiratspolitik sowie durch Verleihung von chinesischen Ehrentiteln an die Barbarenfürsten – und dadurch, dass diese im Gegenzug Angehörige ihrer Herrscherhäuser als Geiseln an den chinesischen Hof schickten.

Für die chinesische Mauer bedeutete dies, dass sie, kaum erbaut, schon fast wieder überflüssig wurde. Dieses »fast« gilt aber nur für die – ohnehin begrenzte – militärische Funktion des Bauwerks, nicht für die grenzpolizeiliche – half die Mauer doch den Grenztruppen, den Warenverkehr zu kontrollieren und die räumlichen Beziehungen zwischen China und der Außenwelt zu regeln. Die Mauern machten unzweifelhaft klar, wo Chinas Grenze war. Die Grenzwälle der Han sind daher Zeugen erfolgreicher chinesischer Expansionspolitik und einer neuen »pax sinica«, eines Friedens nach Maßgabe chinesischer Interessen, nicht einer Verteidigung »unschuldigen« chinesischen Bodens gegen unzivilisierte Reiterhorden.

▶ Das so genannte fliegende Pferd wurde in einem hanzeitlichen Grab in Leitai bei Wuwei gefunden. Besondere Beachtung verdient die Schwalbe, auf der das Pferd durch den Raum zu fliegen scheint.

◀ Unter dem pyramidenförmigen Tumulus befindet sich das Grab des Han-Kaisers Wu. Es ist das größte auf dem Gräberfeld nordwestlich von Xi'an mit über 20 Gräbern von Adligen der Westlichen Han-Dynastie.

Die Zeit nach der Han-Dynastie und nach den nachfolgenden chinesischen Drei Reichen (220–265) zeigt, wie stark die China nahe stehenden Fremdvölker von der chinesischen Kultur geprägt waren. Als der chinesische Einheitsstaat im 3. Jh. n. Chr. allmählich zerfiel, richteten die Herrscherhäuser der verschiedenen »Barbaren« – der südlichen Xiongnu, der Xianbei, der tibetischen Qiang und anderer Völker – in Nordchina eigene Reiche nach chinesischem Vorbild ein. Vom Jahr 304 bis zum Untergang des letzten dieser Reiche im Jahr 439 gab es 16 solcher Barbarenstaaten. Die meisten waren kurzlebig. Der dauerhafteste brachte es auf 63 Jahre, aber drei nicht einmal auf 20 Jahre. Keiner von ihnen konnte sich so weit konsolidieren, um China erneut zu einen, aber all jenen Staaten, die an die Steppen- und Wüstengebiete grenzten, blieb es wichtig, die Kontrolle über diese Pufferzonen nicht zu verlieren. Ob sie sich dabei noch der Mauern der Han-Zeit bedienten, ist zweifelhaft, da diese in den Jahrzehnten und Jahrhunderten der Wirren verfallen waren, aber dass die neuen Reiche im Norden eine ähnliche Wachsamkeit walten ließen und eine ähnliche Art der »Vorwärtsverteidigung« zu betreiben suchten wie das Han-Reich, gilt als gesichert.

Unter der Westlichen Jin-Dynastie, die China im Jahr 265 noch einmal vorübergehend einigen konnte, war ein halbnomadischer Xianbei-Stamm, die Tabgatsch oder Toba, im Bereich der heutigen Städte Hohhot (Innere Mongolei) und Datong (Provinz Shanxi) angesiedelt worden. Als China dann erneut zerfiel, nutzten die Toba-Herrscher die Lage, ihr Territorium auszudehnen. 386 gaben sie sich den Dynastienamen Wei (später zur Unterscheidung von anderen gleichen Namens als Nördliche Wei bezeichnet) – ein Zeichen ihrer Sesshaftwerdung und Sinisierung. 398 machten sie Datong zu ihrer Hauptstadt und begannen bald darauf, einem chinesischen Ratgeber folgend, ein chinesisches Verwaltungssystem aufzubauen. Bis 439 eroberten sie ganz

◀◀ Vorhergehende Doppelseite: Die Herrscher der Nördlichen Wei-Dynastie ließen ab dem 5. Jh. die Grottentempel von Yungang in der Nähe ihrer Hauptstadt Datong in den Fels meißeln. Die Vorräume zu den tiefer im Fels gelegenen Höhlenaltären sind über und über mit Buddhas, Bodhisattvas und Apsaras ausgestaltet.

▶ Neben den Höhlentempeln wurden auch zahlreiche Monumentalbuddhas in die Felswand gehauen. Die Arbeiten an den Yungang-Grotten wurden auch nach dem Ende der Wei-Dynastie fortgesetzt.

◀ Apsara-Darstellung in der Höhle Nr. 6 im Yungang-Tempel. Apsaras sind himmlische Nymphen, die von der buddhistischen Kunst aus der Vorstellungswelt des Hinduismus übernommen wurden.

Nordchina. Schon zuvor hatten sie begonnen, gegen den Nomadenstamm Rouran weiter im Norden zu Felde zu ziehen, da dieser immer wieder Überfälle unternahm. So kamen die Wei, selber ursprünglich ein »Barbarenvolk«, auf die Idee, den Mauerbau wiederzubeleben. 423, »im zweiten Monat, am Tag Wuchen, begann man mit dem Bau einer langen Mauer südlich von Changchuan. Von Chicheng ging sie über mehr als 2000 *li* bis Wuyuan im Westen; man besetzte sie mit Grenzsoldaten«, berichtet ihre Dynastiegeschichte. Die genannte Route folgt derjenigen der alten Zhao- und Qin-Mauern, deren Reste man möglicherweise verwendete.

Eine Besserung der Lage war in den folgenden Jahren jedoch nicht erkennbar, denn immer wieder wurden große Feldzüge gegen die Rouran organisiert, die im Angesicht der vorrückenden Heere, wie die Chronisten genüsslich vermerken, meist »furchtsam die Flucht ergriffen«. So wurden sie jedenfalls kaum dezimiert und drohten erneut zuzuschlagen. 446 fanden auf ähnlicher Linie wie zuvor weitere Befestigungsmaßnahmen statt, diesmal in Form einzelner Festungen. Die Kriege gegen die Rouran gingen auch danach weiter. Dann, im Jahr 484, findet sich zum ersten Mal in der chinesischen Literatur eine längere Abhandlung zu dem Thema, das erste ausführliche Plä-

doyer eines Chinesen zum Mauerbau, das auf uns gekommen ist. Gehalten wurde es von einem hohen Beamten namens Gao Lü, der in Diensten der Dynastie stand. Er trug dem Wei-Kaiser unter anderem Folgendes vor:

»Die Nordbarbaren sind wild und ungebildet wie Vögel und Tiere. Sie verstehen sich auf den Kampf auf freiem Feld, aber nicht aufs Erstürmen von Befestigungen. Wenn wir ihre Schwäche ausnutzen und sie damit ihrer Stärke berauben, werden sie uns selbst in großer Zahl keinen Schaden zufügen und werden uns im Innern nicht mehr bedrohen, wenn sie anrücken.« Gao verwies nach guter konfuzianischer Tradition sodann auf die historischen Präzedenzfälle: Schon im Buch der Lieder, jener heiligen Schrift des konfuzianischen Kanons, sei zu lesen: »Der König beauftragte Nan Zhong hinzugehen und in der Unruheregion Befestigungen zu bauen«. Sodann hatten König Wuling von Zhao und der Erste Kaiser Große Mauern erbaut, und Kaiser Wu der Han war deren Beispiel gefolgt. Dann wurde Gao konkret: »Im siebten Monat schicke man sechs Bataillone mit zusammen 60 000 Mann aus, … im achten Monat greife man an … Stellt sich der Feind zum Kampf, so schlage man eine Entscheidungsschlacht, erscheint er nicht, so verteile man sich über sein Territorium und baue

◀ Apsaras oder auch Gandharvas genannte himmlische Wesen gliedern in der Grotte Nr. 428 in Dunhuang die Räume um Bilder aus dem Leben des Buddhas. Malerei der Nördlichen Zhou-Dynastie (557–581).

eine lange Mauer. Die Entfernung zwischen den Sechs Grenzgarnisonen (die Wei entlang der Nordgrenze unterhielt) beträgt von Ost nach West schätzungsweise nicht mehr als 1000 *li*. Wenn ein Mann einen Monat arbeitet, sollte er ein Mauerstück von drei Schritt Länge errichten können. 300 Mann schaffen dann drei *li*, 3000 Mann 30 *li* und 30 000 Mann 300 *li*. Um also, wenn Starke und Schwache ihre Kräfte zusammentun, auf 1000 *li* zu kommen, müsste man es mit 100 000 Mann in einem Monat schaffen. Die für einen solchen Monat zur Verpflegung benötigte Getreidemenge wäre nicht übermäßig groß.« Zum Schluss fasste Gao zusammen: »Der Bau einer Großen Mauer hat meiner Einschätzung nach fünf Vorteile: Erstens ist mit der Bitternis mobiler Verteidigung Schluss. Zweitens wird keine Gefahr mehr bestehen, dass Vieh geraubt wird, wenn wir es im Norden weiden lassen. Drittens kann man die Mauer besteigen, nach dem Feind Ausschau halten und seinem Kommen mit Ruhe entgegensehen. Viertens erspart man sich unnütze Sorgen um die Grenzsicherung und Vorsorgemaßnahmen zur Unzeit. Und fünftens erreicht man so eine jahraus, jahrein sichere Versorgung und dauerhaften Gewinn.«

Diese Denkschrift des Gao Lü ist in mehrfacher Hinsicht spannend. Erstens bestätigt sie den historischen Zusammenhang von Mauerbau und militärischer Expansion: Erst zieht man ins Barbarenland, dann baut man dort seine Mauer – und nicht etwa gleich an der eigenen Grenze. Zweitens gibt sie einen Eindruck davon, mit welchem

Personal- und Sachaufwand zu rechnen war. Die Zahlen müssen zwar nicht unbedingt stimmen, da Gao Lü nur die Verpflegung und nicht die übrigen Kosten kalkuliert, wirken aber doch einigermaßen plausibel, und drei Schritt Mauer – also rund drei Meter – pro Mann in einem Monat erbauen zu können, scheint keine übertrieben optimistische Annahme zu sein. Auch wird der Arbeitsaufwand, den frühere Dynastien beim Mauerbau betrieben, durch Gao Lüs Rechnung überschaubar, selbst wenn beispielsweise das Königreich Zhao oder die Han-Dynastie wohl etwas solider gebaut haben – und dies macht wiederum den Umstand verständlich, dass die Dynastiegeschichten über solche gewaltigen Projekte immer nur ein kurzes Sätzchen verlieren. Drittens schließlich erfahren wir einmal aus dem Mund eines damaligen Politikers, wie er den Nutzen eines solchen Projektes einschätzte: rundum positiv – aber auch realistisch? Seine Argumentation lässt nicht unbedingt darauf schließen, dass seine Ansichten Allgemeingut gewesen wären. Auffällig an der Denkschrift ist noch etwas anderes: Gao Lü ließ den Mauerbau, den die Wei-Dynastie einige Jahrzehnte vorher bereits selbst unternommen hatte, unerwähnt. Der Grund mag sein, dass der nicht seinen Vorstellungen entsprach, denn anders als die von ihm erwähnten Grenzbefestigungen vorheriger Dynastien lagen diejenigen der Jahre 423 und 446 direkt an der Grenze des zu schützenden Territoriums, waren also nicht ins Feindesland vorgeschoben.

Die Quellen schweigen sich darüber aus, ob die Wei-Dynastie Gao Lüs Vorschlag folgte, und sagen nur, dass der Kaiser Diskussionsbedarf erkannte. Chinas Archäologen aber haben tatsächlich Spuren einer weiteren Mauer entdeckt, von der sie meinen, dass sie von den Wei erbaut wurde, und diese Mauer verläuft nördlich von Baotou in etwa südsüdwestlich-nordnordöstlicher Richtung,

▶ Grabbeigabe aus der Zeit der Nördlichen Wei-Dynastie (ca. 6. Jh.). Das Keramikpferd wird durch eine Pferderüstung geschützt: Decke, Halspanzer und Sattel sind trotz starker Stilisierung gut erkennbar.

▶ Darstellung eines Bodhisattvas im für die Sui-Zeit typischen Stil.

▼ Dieser stehende Buddha im deutlichen Wei-Stil stammt aus dem Tempelkomplex der Yungang-Grotten bei Datong.

ungefähr quer zur Han-Mauer. Sie lag damit, wie Gao Lü es forderte, mitten im Gebiet der Rouran-Nomaden. Da sich diese Mauer im Gelände heute nicht mehr abzeichnet, scheint sie nicht sehr solide gewesen zu sein. Vielleicht wurde sie wirklich nur innerhalb eines Monats hochgezogen – und verfiel entsprechend schnell.

Im 6. Jh. kam es dann zu einer richtigen neuen Welle des Mauerbaus. Die Nördliche Qi-Dynastie, deren Reich zwischen dem Bohai-Golf und dem Gelben Fluss lag, baute im Jahr 552 eine Strecke von 400 *li*, nachdem ihre Truppen zuvor einen Barbarenstamm vernichtend geschlagen und »über 100 000 Stück Vieh verschiedener Arten« erbeutet hatten, wie die Dynastiegeschichte meldet. Drei Jahre später folgten weitere Mauern von 900 *li* Länge; sie reichten von nördlich von Beijing nach Westen bis zum heutigen Datong. Zu ihrem Bau sollen 1,8 Millionen Mann eingesetzt worden sein. Um den am Bau beteiligten Soldaten »Gesellschaft zu leisten«, wurden im Frühjahr desselben Jahres, wie ein Chronist meldete, Witwen an die Grenze geschickt. Im Jahr darauf gingen die Arbeiten weiter, und die Mauer erreichte von der Westgrenze des Reichs am Gelben Fluss bis ans Meer ihre volle Länge von 3000 *li*; das ergäbe weit über 1000 Kilometer. Dabei wurde alle 10 *li* ein Grenzposten und an 25 strategisch entscheidenden Stellen eine größere Garnison eingerichtet. Noch ein Jahr später, 557, wurden die Mauern auf einer Länge von 400 *li* durch eine zweite innere Mauer zusätzlich gesichert.

Die Zeiten waren allerdings unruhig, und Gefahr drohte nicht nur aus der Steppe, sondern auch von den chinesischen Nachbarn: Im Jahr 564 rückte ein Heer des Zhou-Reichs an, »zerstörte die Qin-Mauer und drang vor bis Jinyang«. Die ganze Mauer war es zwar nicht, aber die nach Zhou gerichtete Westflanke – Jinyang ist das heutige Taiyuan – empfand Zhou offenbar grundsätzlich als Affront. Gewöhnlich begnügten sich Invasoren damit, ein paar Breschen in die Mauer zu schlagen.

Nachdem die nordchinesischen Reiche drei, vier Jahrhunderte nahezu ohne Mauern ausgekommen waren – die Nördliche Wei-Dynastie war seit der Han-Zeit die einzige Ausnahme gewesen –, erweckt die neue Welle des Mauerbaus den Eindruck, als sei an der Nordgrenze um das Jahr 552 Panik ausgebrochen. Dafür spricht nicht nur die rasche Folge der Baumaßnahmen, sondern auch der Personalaufwand: Wenn 1,8 Millionen Mann auf einmal ran mussten, heißt dies, dass die Mauer in kürzester Zeit fertig gestellt werden sollte. Und dafür gab es in der Tat Gründe: Im Jahr 552 nämlich hatten sich die Rouran-Barbaren einer neuen Macht beugen müssen, und diese neue Macht rückte ebenfalls über die Steppe an: Es war eine Vereinigung der Türkenstämme aus dem Altai-Gebiet. Nun lehnten sie sich gegen die Rouran, ihre bisherigen Schutzherren, auf. Von diesen flüchtete ein Teil ins Reich der Nördlichen Qi, das sie aufnahm, bis sie im Jahr 555 bei ihrem Gastgeber zu plündern anfingen. Die Nord-Qi zogen unter persönlicher Führung des Kaisers gegen die Meuternden aus. Dabei geriet der Kaiser in einen Hinterhalt, der ihn fast das Leben gekostet hätte – ein traumatisches Erlebnis, das mit erklären mag, wie eilig es die Dynastie nach dem schließlich erfochtenen Sieg über die Rouran mit dem Mauerbau hatte. Sie traute keinem Nomaden mehr und sah mit den Türken neue Gefahren heraufziehen.

Die Grenzmauern, die die Nördlichen Qi in solcher Windeseile hochzogen, waren die ersten in der Geschichte der chinesischen Grenzsicherung, die nicht erobertes Territorium sicherten, sondern als reine Verteidigungsanlagen angesehen werden können, denn sie lagen nicht, wie die bisherigen Mauern, halb oder ganz im Steppengebiet, sondern führten unmittelbar am Nordsaum des chinesischen Kulturlandes entlang – ähnlich der späteren Ming-Mauer, streckenweise, wie es scheint, sogar noch weiter südlich. So viel jedenfalls lässt sich den alten Quellen entnehmen, die hier und da ein paar Ortsangaben liefern.

Der genaue Verlauf der Qi-Mauern ist allerdings noch nicht erforscht worden und vielleicht auch überhaupt nicht mehr zu klären. Da entlang der damaligen Linienführung seit über 1000 Jahren Ackerbau betrie-

ben wird, werden etwaige Reste in der Ebene zumeist längst untergepflügt sein. Fest steht, dass die Qi-Mauern, wie die meisten früheren auch, aus Lehm waren. Das ergibt sich schon aus der großen Zahl von Arbeitskräften: Lehmwände hochziehen konnte jeder Bauer; noch heute ist Lehm im Lössgebiet und am Rande der Steppe das gängige Baumaterial für Bauernhäuser, Ställe, Grundstücksmauern und Gewächshäuser. Die Grenzsoldaten führten damals die Regie.

Unterdessen war auch innerhalb Chinas weiter gekämpft worden. 558 wurden die Nördlichen Qi von ihrem Nachbarstaat Zhou erobert. 581 gründete sich in der früheren Han-Hauptstadt Chang'an, dem heutigen Xi'an, die neue Sui-Dynastie, der es bis 589 gelang, ganz China nach fast 400 Jahren erstmals wieder zu einen. Zu dieser Zeit hatten die Sui ihre neue Grenzmauer schon fertig. Gleich im Jahr 581 hatten sie damit angefangen, um sich für ihre Eroberungen sozusagen den Rücken frei zu halten, waren allerdings schon im Jahr darauf von den Türken überfallen worden, die, wie die Dynastiegeschichte der Sui meldet, »durch die Große Mauer eindrangen«. 586 und 587 wurden jeweils über 100 000 »dienstpflichtige Männer« für je zwei Wochen zum Mauerbau abkommandiert. Wo diese Mauern verliefen, ist jedoch nicht klar. Aus den historisch verbürgten Umständen kann man lediglich folgern, dass die Sui-Mauern wie

▶ Überreste der Großen Mauer aus der Ming-Zeit bei Sanguankou in der Provinz Ningxia. Man vermutet, dass die Routenführung der Ming-Mauer in dieser Region den Sui-Mauern gefolgt ist.

◀ Darstellung eines Bodhisattvas aus der Höhle Nr. 244 in den Mogao-Grotten in Dunhuang. Die Figur aus der Sui-Dynastie ist einer der beiden Begleiter eines Maitreya-Buddhas auf einem Altar an der Nordwand der Höhle. Die weicheren und runderen Linien des Gesichts sind typisch für den Übergangsstil der Sui-Zeit.

zuvor die der Nördlichen Qi reine Verteidigungsbauten waren; womöglich bestand der Mauerbau der Sui in den 80er-Jahren des 6. Jh.s überhaupt vorwiegend darin, die Qin-Mauern zu restaurieren und zu ergänzen.

Um die Türken friedlich zu stimmen, belebten die Sui-Kaiser auch die althergebrachte Heiratspolitik wieder und schickten dem türkischen Khan im Jahr 590 eine Prinzessin. Da das Bündnis der Türken 582 zerbrochen war, sah sich das Sui-Reich in der günstigen Situation, wechselnde Bündnisse schließen und die Zwistigkeiten unter den Türken zum eigenen Vorteil ausnutzen zu können. Die Türken ihrerseits suchten das Bündnis mit dem Sui-Reich zum Kampf gegen ihre türkischen Gegner. Als der Khan der Nordtürken im Jahr 607 auf Staatsbesuch kam, bat er gar für sich und sein Volk um die Erlaubnis, sich chinesisch kleiden zu dürfen, da sie, die Nordtürken, »jetzt alle Untertanen des höchsten Gebieters« – also des Kaisers – seien. Sui-Kaiser Yang lehnte die Bitte ab, von konfuzianischem Kulturdünkel gegenüber den »Barbaren« beseelt. Das Misstrauen gegenüber den Verbündeten war so groß, dass das Sui-Reich, das jetzt, nach erfolgter Reichseinigung, erheblich größere Ressourcen als zuvor mobilisieren konnte, noch im selben Jahr über eine Million Dienstpflichtige für zwei, drei Wochen zu einem erneuten Mauerbau schickte. Das Vorhaben stand jedoch unter keinem guten Stern, sollen dabei doch bis zu sechs von zehn Arbeitskräften ums Leben gekommen sein – auf welche Weise, ist nicht überliefert. Im folgenden Jahr wurden noch einmal 200 000 Mann zum Mauerbau abgestellt. Die Bauern, um die es sich größtenteils handelte, erhielten dieses Mal für ihre Dienste ein Jahr Steuerbefreiung.

Gleich darauf, ebenfalls im Jahr 608, nahmen die Sui noch ein weiteres Projekt in Angriff, das auf den ersten Blick mit dem Mauerbau wenig zu tun hat: die Anlage des ersten Kaiserkanals vom heutigen Luoyang aus durch die nordchinesische Tiefebene bis an die Nordgrenze in die Gegend von Beijing. Der künstliche Wasserweg diente teils zur Erleichterung kaiserlicher Inspektionsreisen, aber auch zur besseren Versorgung größerer Truppen. Eine Million Arbeiter wurde zum Bau eingesetzt, darunter auch Frauen. Über die Dauer der Arbeiten wird nichts berichtet, doch muss der Kanalbau wegen der deutlich größeren Mengen zu bewegenden Erdreichs sowie der Notwendigkeit, Höhenunterschiede auszugleichen und zugleich für genügend Wasserzufluss zu sorgen, ein sehr viel aufwendigeres Unterfangen gewesen sein. Allerdings verfügten die chinesischen Ingenieure auf dem Gebiet über reiche Erfahrung, da vor allem im Süden schon seit Jahrhunderten Kanalbau betrieben wurde.

Die letzten Sui-Mauern sind die einzigen, bei denen die Quellen eine ungefähre Lage angeben. Demnach verliefen sie südlich von Hohhot vom Gelben Fluss aus ostwärts. Bis heute haben Archäologen aber außer einem Abschnitt bei Yinchuan (Provinz Ningxia) westlich des Ordosbogens kaum etwas von all den Grenzbefestigungen der Sui-Zeit nachweisen können. Man vermutet, dass die Ming-Dynastie 900 Jahre später ihre Mauer auf den Fundamenten der Sui-Mauer errichtete. Es gilt aber allgemein als gesichert, dass die Ming ab dem 15. Jh. die Ersten waren, die ihre Mauern im Gebirge auf völlig neuer Trasse, nämlich entlang den Bergkämmen, errichteten. Eine Überbauung der Sui-Mauer durch die Ming käme demnach nur für Abschnitte in der Ebene in Frage, beispielsweise im Süden des Ordosbogens. Dort könnte die Überbauungshypothese leicht erklären, dass jegliche Spuren der Sui-Mauer fehlen. Dass östlich des Ordosgebiets und weiter an Beijing vorbei bis zum Meer ebenfalls kaum Reste nachgewiesen wurden, hat womöglich die gleichen Gründe, wie schon bei den Grenzwällen der Nördlichen Wei und der Nördlichen Qi, von denen dort (fast) nichts erhalten blieb: Es gibt zu viel Landwirtschaft, und Lehmmauern erodieren durch die höheren Regenfälle schneller.

Womöglich handelte es sich auch bei der Sui-Mauer ebenso wenig wie bei den Mauern aus älterer Zeit um ein großes, zusammenhängendes Bauwerk. Wahrscheinlicher ist, dass man bei natürli-

▲ Stark erodierte Teile der Großen Mauer bei Yulin in der Provinz Shaanxi. Auch hier bildeten wahrscheinlich suizeitliche Mauern die Fundamente für die Überbauung während der Ming-Dynastie.

chen Barrieren – Gebirgen und größeren Flüssen – auf zusätzliche künstliche Hindernisse verzichtete. Manchmal geht dies aus den alten Quellen auch deutlich hervor. Dennoch werden die Sui-Mauern eine anständige Gesamtlänge erreicht haben. Folgt man der von Gao Lü vorgelegten Berechnung der Arbeitsleistung, könnte ein Mann in 20 Tagen jeweils zwei Mauermeter errichtet haben – bei einem Bautrupp von einer Million Mann ergäbe dies in der Summe 2000 Kilometer. Selbst wenn man die Angaben von Gao Lü, der immerhin ein erklärter Mauer-Befürworter war, für übertrieben optimistisch hält und nur eine halb so hohe Arbeitsleistung annimmt, käme man immer noch leicht auf 1000 Kilometer. 1000 bis 2000 Kilometer sind auch die Größenordnung, mit der ein Festungsbaumeister rechnen musste, der Chinas Nordgrenze im südlichen und östlichen Ordosgebiet und weiter nach Osten bis ans Meer sichern wollte.

China ohne Mauer

Vom Weltreich der Tang bis zu den Mongolen

Die Grenzwälle der Sui sollten für etwa 800 Jahre die letzten Großen Mauern bleiben, die Chinesen errichteten. Der Grund war nicht etwa, dass sie ihren Zweck erfüllt, die Feinde fern gehalten hätten und obendrein noch widerstandsfähig gegen Verwitterung und Zerstörung gewesen wären. Vielmehr verloren sie durch einen weiträumigen Wandel der geopolitischen Gesamtsituation des chinesischen Reichs für lange Zeit ihre Existenzberechtigung.

Diese Entwicklungen begannen mit der berühmten Tang-Dynastie, die im Jahr 618 die Sui ablöste und China bald zu einem glanzvollen Großreich ausbaute, einer asiatischen Hegemonialmacht, die für mehr als ein Jahrhundert alle Steppengebiete und die dortigen Völkerschaften in sich einschließen und integrieren konnte.

◀ Die Tang-Hauptstadt Chang'an – das heutige Xi'an – war der östliche Endpunkt der Seidenstraße. Von hier aus pilgerte der Mönch Xuanzang um 650 n. Chr. nach Indien, um die buddhistischen Quellen zu studieren und heilige Schriften zu sammeln. Diese wurden nach seiner Rückkehr in der Großen Wildganspagode aufbewahrt.

Die Anfänge einer neuen Linie zeigten sich schon im Vorfeld der Gründung der Tang-Dynastie: Li Shimin, der eigentliche Urheber der Rebellion, die zur Gründung der Dynastie durch seinen Vater führte, ließ sich im Kampf gegen die Sui von türkischen Hilfstruppen unterstützen. Zwar nutzte er, ab 627 selbst Kaiser, Auseinandersetzungen unter den Türken, den Machtbereich seines Reiches nach Norden auszudehnen, aber stets blieb ihm dabei Treue gegenüber den Verbündeten und Berechenbarkeit seiner Politik ein hohes Gebot. Als er nach dem großen Nordfeldzug des Jahres 629 türkischen Stämmen Siedlungsland zuwies und die Stammeshäuptlinge sogar mit chinesischen Beamtenposten bedachte, löste dies am Hof bei den konfuzianischen Beratern Proteste aus: »Die Türken«, so warnten sie, »sind Wesen mit menschlichen Gesichtern, aber mit dem Fühlen wilder Tiere. Sie sind nicht von unserer Art. Ihrem Charakter entsprechend rauben und plündern sie, wenn sie stark sind, und tun unterwürfig, wenn sie schwach sind. Für Güte und Gerechtigkeit haben sie keinen Sinn«. Der Kaiser entgegnete: »Die Barbaren sind auch Menschen und ihr Empfinden ist nicht anders als das von uns Chinesen. Wenn der Herrscher sich nur bemüht, seine Tugend zu mehren, so braucht er kein Misstrauen gegenüber anderen Völkern zu hegen. Wenn aber seine Tugend überallhin wirkt, so wird er damit die Barbaren der vier Himmelsrichtungen dazu bringen, wie Mitglieder einer Familie zu werden.«

Auch wenn die prägenden Kräfte des Dynastiegründers Li Shimin nicht überbewertet werden dürfen, wurde seine Grundeinstellung gegenüber den fremden Kulturen in gewissem Maße doch charakteristisch für die Tang-Zeit. Die Aufgeschlossenheit gegenüber dem Ausländischen wurde dabei großenteils überhaupt erst durch Chinas konsequente Großmachtpolitik ermöglicht. Der Mauerbau der Sui galt den Tang-Kaisern als Zeichen der Schwäche. Sie selbst setzten auf militärische, politische und wirtschaftliche Initiative. Innerhalb von vier, fünf Jahrzehnten nach seiner Gründung dehnte sich das Tang-Reich nach Westen schon weit über die Grenzen des heutigen China bis ins Fergana-Tal aus. Eine neue »pax sinica« entstand und ermöglichte in noch größerem Maße als 700 Jahre zuvor unter den Han-Kaisern transkontinentale Reisen entlang der Seidenstraßen und mit ihnen den Austausch von Waren und Ideen. So waren auch Nichtchinesen aus dem Straßenbild der Reichshauptstadt Chang'an, dem heutigen Xi'an, im 7. und 8. Jh. nicht wegzudenken: persische Kaufleute, indische

◀ So oder so ähnlich muss man sich höfisches Leben zur Tang-Zeit vorstellen. Die musizierenden Hofdamen sind – obwohl das Bild im 10. Jh. entstand – in heiteren Farben und rundlichen Linien ganz in der Tang-Tradition gestaltet.

▶ Diese beiden uigurischen Fürstinnen sind ganz in der Mode des tangzeitlichen China dargestellt. Das Detail eines Wandbildes stammt aus Bezeklik östlich der Oasenstadt Turfan an der nördlichen Seidenstraße.

Mönche, japanische Gesandte, türkische Musikanten, Sklaven aus Afrika, dazu Tibeter, Ceylonesen, Tanguten, Koreaner, Araber.

Der chinesische Buddhismus, eigentlich eine Fremdreligion, erlebte, vom Kaiserhof gefördert, seine größte Glanzzeit. Chang'an selbst beherbergte im 9,7 mal 8,2 Kilometer großen Rechteck seiner Mauern etwa eine Million Einwohner und war so bis zum Aufstieg Bagdads am Ende des 8. Jh.s die größte Metropole der Welt. Die Nachfrage der modebewussten Hauptstädter und das reiche Angebot an chinesischen Luxuswaren – allen voran die Seide – lockten die Kaufleute an. Diese brachten aber nicht nur Waren mit, sondern auch ihre eigene Religion und errichteten bald eigene Gotteshäuser. Für das Jahr 631 ist beispielsweise der persische Zoroastrismus in Chang'an nachgewiesen, und eine nestorianische Stele von 781, heute noch in Xi'an zu sehen, bezeugt die Existenz einer Gemeinde dieser zentralasiatisch-christlichen Konfession.

◄ Zahlreiche Darstellungen kraftvoller Pferde zeugen von der Begeisterung, die man im Tang-China für diese edlen Tiere empfand.

▶ Dieser 1987 bei Ausgrabungen in der »Krypta« unter der Pagode des Famen-Tempels rund 100 km westlich von Xi'an (der Tang-Hauptstadt Chang'an) gefundene Reliquienkasten stellt auf seinen vier Seiten die Schutzgottheiten der vier Weltgegenden dar. Die Abbildung zeigt das Bild des Himmelskönigs des Nordens. Der Famen-Tempel ist eines der ältesten buddhistischen Klöster Chinas, er wurde bereits im 2. Jh. n. Chr. gegründet.

Das kosmopolitische und den asiatischen Großraum wirtschaftlich beherrschende und militärisch-politisch einigende China hatte für Grenzmauern in der Tat keinerlei Bedarf mehr. Seine militärische Stärke verdankte das Tang-Reich dabei eben jenen Traditionen der Steppe, die China einst gefürchtet hatte. So findet sich in der Tang-Kultur in sinisierter Form viel altes »Barbarenerbe« wieder, etwa die Jagd- und Pferdebegeisterung, die Barttracht der Männer und auch die starke Stellung der Adelsfrauen, die oft ebenfalls gute Reiterinnen waren. Ausländisches – vor allem Zentralasiatisches – galt in diesen noblen Kreisen, die oft auch nichtchinesische Vorfahren hatten, schlichtweg als schick: Man spielte persisches Polo, lauschte der Musik der Turkvölker und imitierte die Kleidermode der Fremden.

Der Niedergang der Tang-Dynastie

Macht und Reichtum der Tang waren freilich teuer erkauft. Das Reich mit seiner Ost-West-Ausdehnung von über 4000 Kilometern zu sichern, erforderte einen enormen

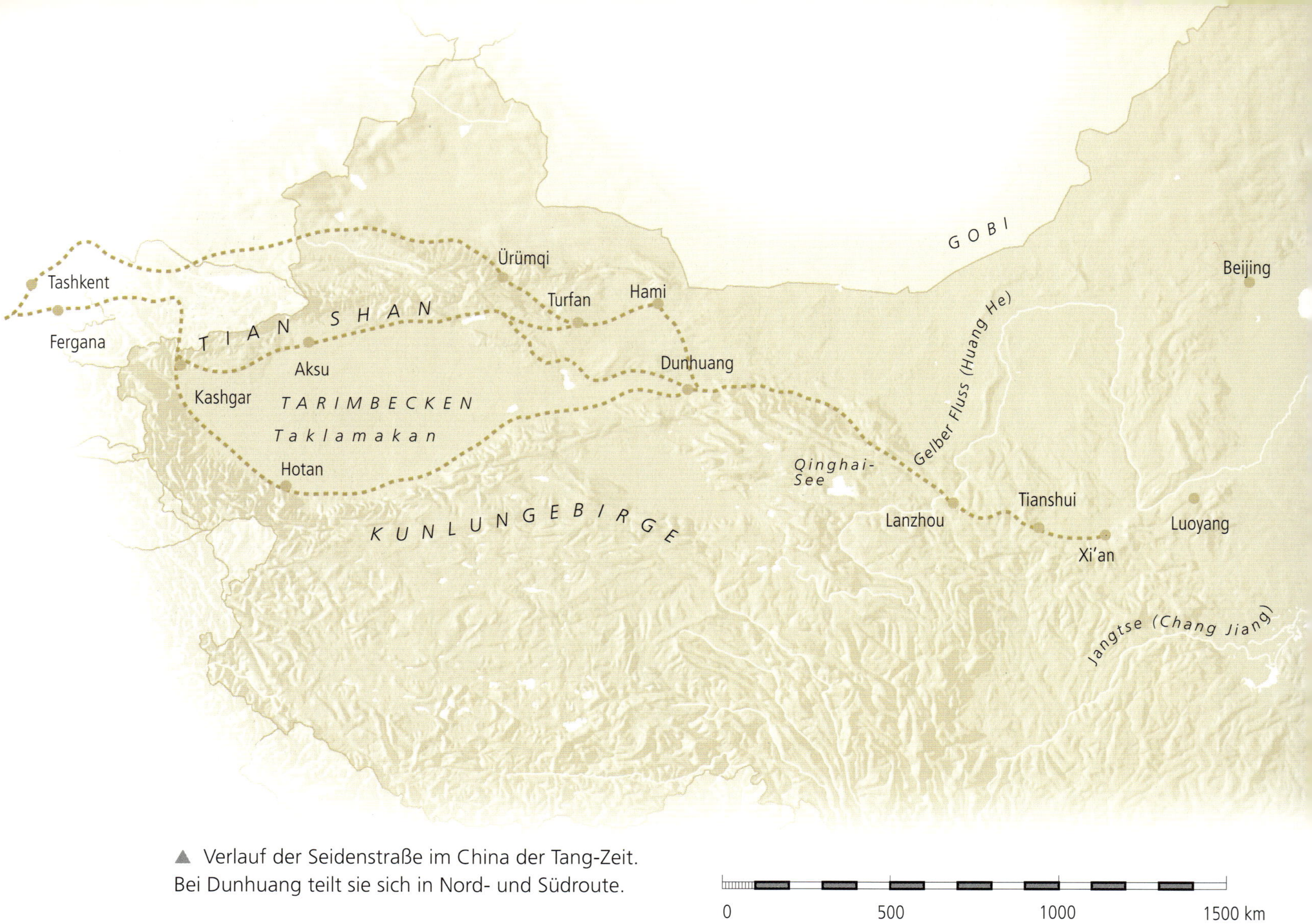

▲ Verlauf der Seidenstraße im China der Tang-Zeit. Bei Dunhuang teilt sie sich in Nord- und Südroute.

militärischen Aufwand. Der Staatshaushalt der Tang jedoch stand auf keinem soliden Fundament. Vielmehr häuften die von Steuern befreiten Klöster, allen Armutsgelübden zum Trotz, immense materielle Schätze an und profitierten zudem von der spendenfreudigen Frömmigkeit bei Hofe. Wenige Jahrzehnte lang lebte man noch unbeschwert über seine Verhältnisse, bis im Jahr 755 mit der Rebellion des An Lushan, eines in chinesischen Diensten stehenden Generals halb türkischer, halb sogdischer Herkunft, ein böses Erwachen folgte. Die zur Rettung der Dynastie zu Hilfe gerufenen Türken ließen sich ihre Hilfe teuer bezahlen, die Tibeter, zu denen man durch Heiratspolitik nur relativ lockere Beziehungen unterhalten hatte, fielen kurz darauf ins Reich ein und besetzten im Jahr 763 die Hauptstadt Chang'an. Auch wenn die Dynastie danach noch einmal ein wenig Fuß fassen konnte, war die Weltmachtposition des Tang-Reichs doch nun dahin, die zentralasiatischen Gebiete gingen verloren und die Seidenstraße büßte ihre Bedeutung ein. Wie sehr sich die Machtverhältnisse zu Lasten Chinas verschoben hatten, lässt ein Erlass des Tang-Kaisers aus dem Jahr 799 ahnen, in dem das Entsetzen darüber spürbar wird, dass selbst in der Hauptstadt die chinesische Kontrolle über die selbstbewusst auftretenden Ausländer schwindet:

»Früher zählten die in der Hauptstadt weilenden Uiguren gewöhnlich etwa tausend. Jetzt aber haben sich die Handel treibenden Barbaren, die ihnen nicht zustehende (chinesische) Kleidung tragen und unter den Chinesen wohnen, vervielfacht. Die Regierung liefert ihnen täglich Nahrungsmittel aller Art, sie häufen große Vermögen an, erbauen sich vornehme Häuser, erzielen reiche Handelsgewinne – und werden immer frecher, raffgieriger und zügelloser, ohne dass die Beamten wagen, sie zur Rechenschaft zu ziehen. Manche kleiden sich auch nach chinesischer Art und verführen oder heiraten chinesische Frauen«. Der Erlass untersagte den Uiguren (Osttürken), chinesische Kleidung zu tragen. Wenigstens wollten sich die Chinesen noch äußerlich von den »Barbaren« unterscheiden, die der chinesische Staat zu alimentieren und bei Laune zu halten hatte, wollte er seine Existenz nicht aufs Spiel setzen.

▶ Kamele – sowie deren fremdländische Halter – gehörten zu den beliebtesten Themen der tangzeitlichen Keramik. Der rege Verkehr auf der Seidenstraße gab den Kunsthandwerkern ausreichend Gelegenheit, Bewegungen und Körperbau der Tiere zu studieren.

Buddhismus an der Seidenstraße

Neben den Reichtümern, die beim Handel entlang der Seidenstraße zu verdienen waren, sind vielleicht auch die Todesgefahren, die das Reisen durch die Wüste mit sich brachte, ein Grund für die fromme Spendenfreudigkeit, die hier über viele Jahrhunderte zum guten Ton gehörte. Angefangen hatte alles viel früher und ganz woanders: um das Jahr 500 v. Chr. im Gazellenhain beim indischen Benares. Dort soll Buddha Gautama, nachdem er das Erlebnis der Erleuchtung erfahren hatte, erstmals gepredigt und so das »Rad der Lehre« angestoßen haben. Fünfeinhalb Jahrhunderte brauchte die neue Religion, um nach China zu gelangen, wo sie im Jahr 67 n. Chr. erstmals nachweisbar ist. Vermutlich waren es Kaufleute aus Zentralasien, die sie mitgebracht hatten; sicher ist, dass sie über die Seidenstraße kam. Auf dem gleichen Wege verbreitete sich die buddhistische Kunst, und wieder war Indien deren Quelle. Im 1. oder 2. Jh. v. Chr. waren dort in Ajanta erstmals Grottentempel angelegt worden. Ab dem 2. oder 3. Jh. n. Chr. entstanden die – jüngst von islamischen Fanatikern zerstörten – Monumentalbuddhas von Bamian unweit von Kabul. Etwas jünger sind die Grottentempel und -klöster am chinesischen Teil der Seidenstraße; im 4. Jh. wurden südlich von Dunhuang die ersten Höhlen in eine Felswand geschlagen und in einem noch stark indisch geprägten Stil ausgemalt: die ersten der heute so berühmten Mogao-Grotten.

Alle diese Werke bezeugen in ihrer Monumentalität, ihrer künstlerischen Qualität und ihrer Pracht, welch tiefen Eindruck die Lehren des Buddha auf die Menschen der damaligen Zeit machten, wie sehr sie sie geistig erfüllten und ihnen Lebenssinn, Trost und Hoffnung gaben. Gestiftet wurden die Grotten vorwiegend von Privatleuten: von einzelnen Wohlhabenden, von Beamten, die hier Dienst taten, aber auch von weniger Begüterten, die sich zu Laiengemeinschaften zusammenfanden, sodass aus vielen kleinen Spenden Großes entstehen konnte. Eine Oase wie die von Dunhuang, die über Jahrhunderte eine Schnittstelle zwischen China und Zentralasien bildete und eine bedeutende Karawanenstation und Handelsstadt war, muss über ebenso lange Zeit über erheblichen privaten Reichtum verfügt haben – Reichtum in den Händen von Menschen, die ihn zu Ehren Buddhas und seiner Lehre auch gern wieder ausgaben und sich und ihren Glauben dabei in den Grottentempeln südlich der Stadt verewigten.

◀ Die Südwand der Höhle Nr. 322 der Mogao-Grotten zeigt im Tang-Stil den Zukunftsbuddha Maitreya bei der Darlegung der Lehre, umgeben von Bodhisattvas.

▶ Ein überraschender Beleg für die Reichweite der Seidenstraße ist die Darstellung eines afrikanischen Straußes am Seelenweg, der zu den Gräbern der Tang-Kaiser führt.

In China selbst war unterdessen eine konfuzianisch inspirierte Rückbesinnung auf einheimische Werte erfolgt. Fremdenfeindliche Ausschreitungen – so massakrierten chinesische Banden im Jahr 760 Tausende von persischen und arabischen Kaufleuten – spielten langfristig eine geringere Rolle als die geistige Neuorientierung der Elite, wie sie sich im Jahr 819 in dem berühmtem antibuddhistischen Pamphlet des Politikers und Philosophen Han Yu zeigten. Bald setzten sich auch am Hofe ähnliche Ansichten durch: In den Jahren 842 bis 845 wurden 4600 Klöster aufgelöst und teilweise zerstört, 260 000 Mönche und Nonnen wurden in den Laienstand zurückversetzt, 150 000 klosterabhängige Bauern wieder als Steuerzahler registriert und alle nichtchinesischen Religionen gänzlich verboten. Der Buddhismus, obwohl kurz darauf rehabilitiert, hat sich von dieser Repression nie mehr ganz erholt. Im Jahr 881 legten Aufständische die Hauptstadt Chang'an in Schutt und Asche. Der Kaiser, nur noch ein Spielball von Eunuchen und Militärs, hielt sich nominell noch bis 907, dann zerfiel das Reich in mehrere Staaten und die Karten wurden neu gemischt, ehe 960 mit der erneuten Reichseinigung durch die Song-Dynastie ein neues Zeitalter begann, das das Verhältnis zwischen China und den nördlichen Fremdvölkern in einer neuen Variante zeigt.

Die neue Dynastie Song hätte, so möchte man auf den ersten Blick meinen, allen Grund gehabt, wieder Grenzmauern hochzuziehen: Erstens blieb das Song-Reich auf das chinesische Kernland beschränkt, sodass der alte Gegensatz zwischen dessen Ackerbaukultur und nomadischer Steppenkultur seine politisch-geografische Ent-

▸▸ Buddhadarstellung aus der Tang-Zeit in der Longmen-Grotte bei Luoyang. Das Bildnis des historischen Buddhas Shakyamuni wird begleitet von seinen beiden Lieblingsjüngern Kashyapa und Ananda. Luoyang war während der Tang-Zeit zweite, »östliche« Hauptstadt und kulturelle Metropole.

▸ Diese an einem Außenposten der nördlichen Seidenstraße gefundene Figur eines Soldaten der Tang-Zeit zeigt detailreich Rüstung und Bewaffnung. Ähnlich muss man sich die Truppen, die zum Schutz der Seidenstraße abgestellt waren, vorstellen.

sprechung zurückerhielt, die er unter den Tang verloren hatte. Nun waren politische und kulturelle Grenzen wieder nahezu identisch. Zweitens zeigten sich die fremden Reiche jenseits der Nordgrenze erneut bedrohlich mächtig: im Norden die Kitan mit ihrem Liao-Reich (947–1125), im Nordwesten das von dem tibetischen Stamm der Tanguten gelenkte Reich der Westlichen Xia (1038–1227); und drittens wiederholte sich ein altes Muster: Chinas Reichtümer lockten und die Fremden fielen über die Grenzen ein. Schon 1004/1005 sahen sich die Song im Frieden von Shanyuan gezwungen, sich das Wohlwollen der Liao-Herrscher, deren Gebiet bis südlich von Beijing und damit bis in traditionell chinesisches Territorium hinein reichte, durch jährliche Tributzahlungen zu erkaufen. 1044 folgte ein ähnliches Abkommen mit dem Tangutenstaat.

Die sesshaften Nomaden

Auch erlebten die Verhältnisse, die 1100 Jahre zuvor, zur frühen Han-Zeit, geherrscht hatten, eine Neuauflage: Der Preis für die Ruhigstellung der Nachbarn war enorm. Die Tanguten beispielsweise erhielten 135 000 Seidenballen, 72 000 Silberunzen und 30 000 Pfund Tee, und zwar jährlich. Wieder waren diese Waren mehr, als die Völker selbst verwenden konnten, und sie handelten sie weiter nach Westen. Die Kitan wurden auf diese Weise bekannter als China selbst. Bis heute heißt China auf Russisch nach ihnen »Kitaj«, bei Marco Polo, der 200 Jahre später nach China reiste, wurde daraus »Catai« und bezeichnete Nordchina.

▶ Darstellung des Lokapala Vaishravana aus der Tang-Zeit. Vaishravana ist der Hüter des Nordens und gleichzeitig der Gott des Reichtums. Das Fragment stammt vermutlich aus dem Tempel der Stadt Kucha an der Nordroute der Seidenstraße.

◀ Kamelreiter mit fremdländischer Kleidung, wie sie mit den Karawanen auf der Seidenstraße zur Tang-Zeit nach Chang'an kamen, gehörten zum alltäglichen Bild der Hauptstadt.

Beide Friedensverträge vermochten jedoch die Grenze nicht dauerhaft zu sichern. Wenn es dennoch nicht zum Mauerbau kam, so vor allem aus zwei Gründen: Zum einen hätten Grenzwälle nach früherer Art nur noch wenig genützt, da die Kitan und die Tanguten nicht mehr wie ihre Vorgänger als leichte Kavallerie mit Pfeil und Bogen Krieg führten, unfähig zu längerer Belagerung oder gar zum Erstürmen von Festungen, sondern mit schwerer Ausrüstung und großem Tross anrückten: sie selbst gepanzert, mit gepanzerten Pferden, Beilen und anderem Gerät. Auch die Kriegsziele waren nicht mehr dieselben. Frühere Fremdvölker – die Xiongnu, die Rouran und noch die Türken – waren vor allem dann, wenn ihre Nahrungs- und Futtermittel knapp wurden, zu Plünderungen über die Grenzen gestürmt, aber nicht mit dem Ziel der Eroberung. Den Kitan und den Tanguten, ohnehin großenteils sesshaft und zunehmend nach

◀ Zhang Zeduans über fünf Meter breites Rollbild »Am Fluss während des Qingming-Festes« schildert das lebendige Treiben in der Song-Hauptstadt Kaifeng aus dem Blickwinkel des Zeitgenossen. Der Ausschnitt zeigt eines der Stadttore, durch das einige Kaufleute mit ihren voll bepackten Kamelen in die Stadt einziehen.

chinesischem Vorbild staatlich organisiert, ging es dagegen nicht um kurzfristige Beute, sondern um langfristigen Gewinn: Sie – wie auch die nachfolgenden Dschurdschen – hatten ein Interesse an der dauerhaften Annexion chinesischen Territoriums. Zum Zweiten war das Song-Reich militärisch so schwach, dass es zur Rücksichtnahme auf die Nachbarn gezwungen war, die einen Mauerbau zweifellos als Kriegserklärung empfunden hätten. Tatsächlich kam es 1074 zu diplomatischen Verwicklungen mit den Liao, die sich beschwerten, die Song hätten neue Grenzbefestigungen erbaut. Die Kitan ertrotzten sich damit eine weitere Gebietsabtretung, obwohl der Vorwurf, wenn man den chinesischen Chronisten folgt, gar nicht zutraf. Tatsächlich unternahmen die Song durchaus Versuche, kritische Stellen der Grenze durch Baumaßnahmen zusätzlich zu sichern. Die wohl größte dieser Anlagen ist bezeichnenderweise ein Graben, und zwar im Grenzgebiet zum Reich Westliche Xia. Er verlief dort auf der Innenseite der alten Qin-Mauer, in deren Schutz er vermutlich ausgehoben werden konnte, ohne dass die Tanguten es merkten.

Zeit/Reich	Hauptstadt	Grenzentfernung	Mauerbau
Streitende Reiche			
Qin	Xianyang	ca. 400 km	ja
Yan	Ji (Beijing)	ca. 100 km	ja
Zhao	Jinyang (Taiyuan)	ca. 250 km	ja
Qin	Xianyang	ca. 400 km	ja
Westliche Han	Chang'an (Xi'an)	ca. 400 km	ja
Östliche Han	Luoyang	ca. 550 km	nein
Nördliche Wei	Datong (398-494)	ca. 100 km	ja
	Luoyang (ab 494)	ca. 550 km	nein
Nördliche Qi	Ye (Cixian)	ca. 450 km	ja
Sui	Chang'an (Xi'an)	ca. 400 km	ja
Song	Kaifeng	ca. 600 km	nein
Ming	Beijing (ab 1420)	ca. 100 km	ja

Vielleicht spielte auch ein dritter Grund mit hinein, der die Song auf größere Grenzbefestigungen verzichten ließ: Ihre Hauptstadt Kaifeng lag von der Grenze rund 600 Kilometer entfernt. Sieht man sich die Entfernungen an, die die Hauptstädte diverser Dynastien von der Kulturgrenze zwischen Ackerland und Steppe hatten (sofern dies auch die politische Grenze war), so zeigt sich, dass Herrscher in Hauptstädten in mehr als 500 Kilometern Entfernung zur Grenze nie Große Mauern bauen ließen. Stets bedurfte das Machtzentrum besonderen Schutzes. Lag es näher an der Grenze, war es durch plötzliche Einfälle stark gefährdet. Eine Mauer sorgte dann bei den Invasoren mindestens für so viel Zeitverzögerung, dass man in China die eigenen Truppen zusammenziehen konnte.

▲ Blumen- und Vogelbild von Lin Chun im Stil der vom Song-Kaiser Huizong begründeten Akademie.

▶ Der Gott des Taishan und sein Gefolge. Das wohl songzeitliche Wandbild in der »Halle der Himmlischen Gaben« im Haupttempel des Berges zeigt in zeitgenössischer Darstellung die Bewaffnung und Ausrüstung der Begleitsoldaten.

Hatten die Song schon mit den Reichen Liao und Westliche Xia ihre Not, so kam es dann noch schlimmer: Das Liao-Reich wurde 1125 von den Dschurdschen erobert, die ihren Feldzug gleich gegen China fortsetzten. Alsbald standen sie vor den Toren der Hauptstadt, die sie 1127 erstürmten, und noch im selben Jahr verleibten sich die Dschurdschen, die ihr neues Reich Jin nannten, auch den Tangutenstaat der Westlichen Xia-Dynastie ein. Die Song-Dynastie wurde im Süden, mit der Residenz in Hangzhou, fortgeführt. Das Jin-Reich wiederum und schließlich ganz China wurden zwischen 1234 und 1279 von den Mongolen erobert.

Bevor es allerdings so weit kam, waren doch noch Mauern gebaut worden, nur nicht von der schwachen chinesischen Song-Dynastie, sondern von den nichtchinesischen Reichen Liao und Jin. Die Liao versuchten sich mit einem Grenzwall gegen die Dschurdschen zu schützen, die ihnen als wild und unberechenbar galten. Da die

Dschurdschen als Jäger in den bewaldeten Bergen im Osten der Mandschurei lebten, verlief die Mauer der Liao etwa am Ostrand der mandschurischen Tiefebene; sie scheint aber weder besonders lang noch besonders groß gewesen zu sein. Als die Jin dann erstarkt waren und die Liao besiegt sowie Nordchina erobert hatten, standen sie vor einem ähnlichen Problem wie frühere chinesische Dynastien: Noch ganz ihrer traditionellen Lebensweise verhaftete und von China kulturell kaum beeinflusste Nomaden ließen ihnen an ihrer Westgrenze keine Ruhe.

Die Befestigungen, die von den Jin daraufhin im Laufe des 12. Jh.s angelegt wurden, hatten eine beträchtliche Länge und waren in ihrer Konstruktion sehr viel aufwendiger als alle chinesischen Grenzmauern früherer Zeiten. Im Norden begannen sie etwa 200 Kilometer nördlich vom heutigen Qiqihar und verliefen von dort, sich manchmal noch in mehrere Linien aufteilend, Richtung Südwesten entlang der Gobi bis nördlich von Hohhot, wo sie nach Süden schwenkten und an den Bergen nordöstlich von Baotou ausliefen. Allein die Luftlinienentfernung zwischen den beiden Enden lag bei 1350

◀ Rund 90 km östlich von Baotou liegt die Klosteranlage von Meidaizhao. Der Komplex, der die Architektur eines lamaistisch-buddhistischen Tempels und einer Stadtbefestigung in sich vereint, wurde 1575 für die 17. Generation der Nachfahren des Dschingis Khan errichtet.

▼ Der Mongolenherrscher Dschingis Khan auf dem Thron, umgeben von seinen Ratgebern. Persische Buchmalerei des 14. Jh.s.

Kilometern. Was die Mauer aber so besonders machte, war neben ihrem Verlauf weit nördlich der chinesischen Grenzmauern ihre Bauweise: Sie war streckenweise doppelt ausgeführt, mit einem vorgelagerten Graben sowie einem zweiten Graben zwischen den Mauern. Dieser hatte eine Breite von zehn, an manchen Stellen sogar bis zu 60 Metern. Darüber hinaus war die Mauer mit Bastionen sowie mit einer Brüstung und Zinnen versehen, auch dies waren Neuerungen gegenüber den chinesischen Vorläufern. Die Wehrhaftigkeit der Grenzbefestigungen der Zeit der Jin spiegelt in ihren Einzelheiten deutlich den oben skizzierten Wandel in der Kriegführung wider und durfte für die damalige Zeit durchaus als zukunftsorientiert gelten. Als die Mauer um das Jahr 1200 fertig war, durften sich die Dschurdschen dahinter ziemlich sicher fühlen, jedenfalls gemessen an dem, was von den Reiterscharen auf der anderen Seite üblicherweise an Ärger zu erwarten war. Deren Verhalten änderte sich allerdings unvorhergesehen schon wenige Jahre später gründlich: Die Reiter nämlich waren die Mongolen, und ihr neuer Heerführer hieß Dschingis Khan.

Die Große Mauer der Ming

Kaiserliche Feldzüge und konfuzianische Diplomatie

Wie es den zuvor unbedeutenden Mongolen gelang, unter geeinter Führung halb Asien zu erobern und bis nach Europa vorzudringen, und vor allem, warum sie derart durch den Kontinent stürmten, haben schon viele kluge Köpfe zu erklären versucht. Tatsache war, dass die Mongolen die Grenzbefestigungen des Jin-Reichs zunächst einmal wortwörtlich links liegen ließen, indem sie mit ihren Feldzügen in Richtung Süden begannen, an der Mauer vorbei. Sie konnten in Nordchina zunächst rasche Erfolge feiern, taten sich dann aber mit der weiteren Eroberung Chinas schwer.

So währte die von Dschingis Khans Enkel Kubilai gegründete Yuan-Dynastie nicht einmal 100 Jahre. Nach der Vertreibung der Mongolen herrschte wieder eine chinesische Dynastie im Reich der Mitte: die Ming. Doch es sollte noch einmal vier Jahrzehnte dauern, bis diese die Tradition des Mauerbaus an der Nordgrenze wieder aufgriffen.

◀ Betrachtet man die große Anzahl der Wachttürme entlang der Mauer, so kann man den Aufwand erahnen, der betrieben werden musste, um die Truppen zur Grenzsicherung zu unterhalten.

Während die Mongolen für ihren Feldzug quer durch Asien bis nach Österreich und an die Oder gerade einmal 30 Jahre brauchten, dauerte die Eroberung Chinas mit 69 Jahren mehr als doppelt so lang und konnte erst abgeschlossen werden, als das übrige mongolische Großreich schon wieder zerfallen war. Die von ihnen unter Kublai Khan mit Sitz in Beijing errichtete Yuan-Dynastie währte nicht viel länger: 97 Jahre, vom Abschluss der Eroberungen in Südchina im Jahr 1280 an gerechnet sogar nur 88 Jahre. Schon vorher, 70 Jahre nach der Dynastiegründung, brachen in China antimongolische Aufstände aus, die sich rasch verbreiteten. Ab 1355 entglitt den Mongolen mehr und mehr die Kontrolle. Dreizehn Jahre später, 1368, rief Zhu Yuanzhang, der zum Heerführer aufgestiegene Sohn eines Landarbeiters, in Nanjing die neue Dynastie »Große Ming« aus. Noch im selben Jahr wurde Beijing eingenommen. 1387 konnte die letzte Phase der Rückeroberung Chinas abgeschlossen werden.

Einer weit verbreiteten Vorstellung zufolge wurde nach der Vertreibung der Mongolen mit dem Mauerbau begonnen, um zu verhindern, dass die verhassten Fremden

▲ Das Qian Men, wörtlich »vorderes Tor«, südlich der alten Kaiserstadt in Beijing. Die alte Stadtmauer wurde abgerissen, lediglich die Tore ließ man stehen.

◀ Die »Halle der Kaiserlichen Absolutheit«, Huangji Dian, im inneren Bezirk des Kaiserpalastes in Beijing.

zurückkämen. Das war jedoch keineswegs der Fall, und auch der dritte Ming-Kaiser, der nach dem Namen seiner Ära als Yongle-Kaiser berühmt wurde, ließ noch nicht mit dem Bau der heute erhaltenen Mauer beginnen, obwohl er die Hauptstadt 1421 von Nanjing, der »Südlichen Hauptstadt«, nach Beijing, der »Nördlichen Hauptstadt«, verlegte, also dicht an den Südfuß jener Berge, hinter denen die Steppe anfing. Man könnte meinen, er hätte das besser bleiben lassen sollen, denn als Grenzstadt war Beijing natürlich viel stärker gefährdet als das zentralchinesische Nanjing.

Wo allerdings die Nordgrenze des neuen Ming-Reichs einmal sein würde, war zunächst noch nicht ausgemacht. Der Yongle-Kaiser nämlich führte eine Strategie fort, die auch der Dynastiegründer verfolgt hatte: Um Ruhe vor Angreifern aus der Steppe zu haben, wollten die ersten Ming-Herrscher die Methoden der Mongolen gegen sie selbst kehren und die Steppe kontrollieren. Die Verlegung der Hauptstadt an den Ort, an dem auch die Mongolenkaiser residiert hatten, geschah womöglich ebenfalls aus diesen Motiven heraus. Schon als die Mongolen aus dem chinesischen Kernland vertrieben waren, hatten die schlagkräftigen Heere der jungen Dynastie ihnen nachgesetzt. Militärische Maßnahmen begleiteten die ersten Ming-Kaiser durch Diplomatie mit dem Ziel, Barbaren durch Barbaren in Schach zu halten. Mal verbündeten sie sich mit den Westmongolen, den so genannten Oiraten, dann – als diese zu stark wurden – wechselten sie die Seiten und stützten die Ostmongolen. Mongolenführer, die sich den Ming anschlossen, erhielten wohlklingende Titel und militärische Aufgaben zugewiesen.

Zwar war den Ming 1388 in der Nordostmongolei ein großer Sieg gelungen, der die Mongolen für eine Generation deutlich

▶ Der »Goldwasserfluss« durchfließt den Südteil der Verbotenen Stadt vor dem Taihemen, dem »Tor der Höchsten Harmonie«.

▼ Die Halle der Jahresgebete im Himmelstempel in Beijing. Hier opferte der Kaiser dem als Ahnherrn verehrten Himmel, dessen Mandat er nach traditionellem Verständnis ausübte.

schwächte. Solche einzelnen Erfolge konnten jedoch das Problem nicht auf Dauer lösen. Die Steppenvölker ständig unter Kontrolle zu halten, war aber eine kostspielige Sache. Es hieß, befestigte Garnisonen in einem Gebiet zu unterhalten, in dem die Truppen aus dem chinesischen Kernland heraus aufwendig mit Nachschub versorgt werden mussten. Anfang des 15. Jh.s taten 531 000 Soldaten im Norden Dienst. Auch wenn ein Teil von ihnen im System der wieder belebten Militärkolonien Ackerbau betrieb und so für die eigene Verpflegung sorgte, war das Militär doch ein außerordentlicher Kostenfaktor, der damals eine umso größere Rolle spielte, als die Staatsfinanzen noch anderweitig erheblich belastet wurden. Da war zum einen der Ausbau von Beijing als neue Hauptstadt – mit dem bis heute erhaltenen Kaiserpalast, den Altarstätten für die regelmäßigen kaiserlichen Opfer an Himmel und Erde und mit einer mächtigen Stadtmauer.

Hinzu kamen Feldzüge in Vietnam und die größten Expeditionsprojekte der chinesischen Geschichte, die eine Flotte unter Leitung des Eunuchen Zheng He in sieben Fahrten zwischen 1405 und 1433 bis an die Küsten Arabiens und Ostafrikas führten. Nun hatte aber schon der Dynastiegründer, um sicherzugehen, begonnen, Grenzbefestigungen – Forts und Signaltürme –

auch in südlicherer Position, im Bereich der Mauern früherer Dynastien, anzulegen. Daher war die Versuchung groß, auf die abgelegenen Steppengarnisonen, in denen Ackerbau kaum möglich war, zu verzichten und nur noch die grenznahen Stellungen wehrhaft zu halten – »grenznah« in dem Sinne, dass sie im traditionellen Übergangsbereich zwischen Ackerland und Steppe lagen. Und so geschah es in den Jahren 1403 bis 1430. In jener Zeit scheinen auch erste neue Grenzwälle angelegt worden zu sein. Wir wissen davon durch eine Nachricht aus dem Jahr 1429, als es hieß, dass im Nordosten »lange Mauern« – so wörtlich der Ausdruck, der sonst meist mit »Große Mauer« übersetzt wird – durch heftige Regenfälle zum Einsturz gebracht wurden. Offenbar waren sie wenig solide und können kaum als unmittelbare Vorläufer der späteren Großen Mauer gelten. Vermutlich sperrten sie nur wichtige Durchgangstäler im Vorfeld von Pässen und den dort stationierten Garnisonen ab. 1442 und 1447 wurden auch in der Mandschurei zwei längere Grenzabschnitte durchgehend befestigt, und zwar mit zwei Reihen Palisaden, zwischen die Erde geschüttet wurde. Auch diese Abschnitte waren jedoch noch keine direkten Vorläufer der Großen Mauer.

Der Rückzug der Truppen aus der Steppe erwies sich bald als großer Fehler, aber er blieb nicht der einzige. Die Mongolen, die eine Zeit lang durchaus gewillt waren, mit den Ming friedlich zu verkehren, sahen sich außenpolitisch unter Wert gehandelt, ja durch China gedemütigt. China verweigerte ihnen den Grenzhandel und reglementierte ihre jährlichen Besuche zum Überbringen von Tribut und zur Entgegennahme von Geschenken auf das Strikteste, vor allem um Kosten zu sparen. Mit zunehmendem Abstand von den ersten Kaisern, die hervorragende Heerführer gewesen waren und die Situation an der Grenze aus eigener Einschätzung kannten, sahen sich deren spätere Nachkommen als Palastsprösslinge ohne unmittelbare Kenntnis der Außenwelt in Fraktionskämpfe der Eunuchen und hohen Beamten hineingezogen, bei denen es nicht in erster Linie um Sachfragen, sondern um

▲ Die Pferdezucht und die Reiterei spielen bei den Mongolen auch heute noch eine große Rolle.

◄ Durch die Graslandschaft in Hebei zieht sich ein aus Steinbrocken aufgeschichter Wall, der wahrscheinlich ein sehr früher Teil der Ming-Mauer gewesen ist.

Machtpositionen ging. Zudem fiel es beiden Gruppen schwer, zu einer vernünftigen Einschätzung der Lage zu kommen: Die Eunuchen waren meist ungebildete Menschen, deren einzige »Stärke« der unmittelbare Zugang zum Kaiser war, während die Beamten als Konfuzianer mit philosophisch-literarischer Bildung oft wenig Interesse an technischen, militärischen und ökonomischen Fragen aufbringen konnten, die zur Formulierung einer Verteidigungsstrategie allesamt nötig waren: Waffentechnik, Kostenrechnung, Festungsbau, Logistik, Kampfausbildung, Informationsbeschaffung und so weiter. Diejenigen unter den Konfuzianern, die sich damit vertraut gemacht hatten, taten meist an der Grenze Dienst und verfügten am Hof selbst über wenig Einfluss.

Von vielleicht noch gravierenderem Nachteil war jedoch die politische Weltsicht der Beamten: China als »Reich der Mitte« war für sie der einzige Hort hoher Kultur. Die Mongolen verachteten sie gemäß ihrer Tradition als Barbaren, sahen jede für den gedeihlichen Umgang mit ihnen ausgegebene Kupfermünze als eine zu viel an, und viele hätten ihnen am liebsten überhaupt das Existenzrecht abgesprochen. Als schließlich ein neuer Anführer, er war der Schwiegervater eines jungen Khans, die Mongolen erneut einte, war die Zeit gekommen, dem Ming-Kaiser und seinen Hofschranzen die Erniedrigungen heimzuzahlen. 1449 rückten die Mongolen vor. Ming-Kaiser Yingzong, von Eunuchen schlecht beraten, ließ es sich nicht nehmen, höchstselbst die chinesischen Truppen ins Feld zu führen – und erlebte eine Katastrophe. Die ungeübten Soldaten suchten das Weite oder liefen über, der Kaiser selbst fiel den Feinden in die Hände.

Das Ergebnis war Verwirrung auf beiden Seiten. Die Mongolen zogen sich mit ihrer überraschenden Beute wieder zurück, die ratlosen Hofbeamten setzten einen jüngeren Bruder des Kaisers auf den Thron und weigerten sich, den Mongolen, die min-

▶ Darstellung einer Schlachtszene in den Bergen um Beijing aus dem 19. Jh.

◀ Blick über das Steilufer des Gelben Flusses bei Hequ (Provinz Shanxi) auf die entfernten Ruinen von Wachttürmen der Ming-Mauer.

destens auf ein dickes Lösegeld hofften, entgegenzukommen. Als dann der entführte Exkaiser nach Verhandlungen in einer Geste guten Willens doch zurückgegeben wurde, stellte ihn die Beamtenfraktion, die den neuen Kaiser auf den Thron gehoben hatte, unter Hausarrest.

Bald darauf zerfiel das Bündnis der Mongolen wieder, damit endete auch eine koordinierte Chinapolitik auf ihrer Seite, und die Stämme begannen sich wieder so zu verhalten, wie man es seit Jahrhunderten von den Nomadenvölkern kannte: Sie machten die Grenzregion unsicher. Vor allem drangen sie wieder in das Ordosgebiet ein, das für sie existenziell war, denn dort gab es Wasser. Außerdem wurde dort, im Stromverzweigungsgebiet an der Nordwestbiegung des Gelben Flusses, Landwirtschaft betrieben, die eine Versorgung mit Gütern ermöglichte, die sonst in der Steppe nur schwer oder gar nicht zu bekommen waren.

Am Beijinger Kaiserhof entbrannten nun wieder die Debatten: Was tun? Dabei wurden durchaus kluge Einsichten laut. Einer der wortführenden Beamten erkannte: »Die Mongolen sind für China nur deswegen eine Geißel, weil sie dringend Kleidung und Nahrung benötigen«, und der derzeitige Mongolenführer schicke »Männer mit Tribut nur deswegen, weil er Waren und Handelsprofit erstrebt; geben wir sie ihm, wird er zufrieden sein, weisen wir ihn ab, wird er uns grollen und sicherlich an den Grenzen Raubzüge unternehmen«. Am Hof konnte man sich aber diese Einsichten nicht zu Eigen machen.

Die Große Mauer entsteht

Schließlich entschloss man sich zu einer Offensivpolitik und schickte befähigte Generäle ins Grenzgebiet südlich der Ordos-Wüste, um von dort einen Feldzug gegen die Mongolen zu unternehmen. Nachdem die Militärs sich aber mit der örtlichen Situation vertraut gemacht hatten, weigerten sie sich, aktiv zu werden, da ihre Mittel – Mangel an Soldaten und an Pferden – unzureichend seien. Sie bräuchten 150 000 Mann, hätten aber nur 20 000. Damit könne man nur in die Niederlage marschieren. Wieder ging es mit den Meinungsverschiedenheiten hin und her. Erste Vorschläge zu einem Mauerbau wurden vorgetragen – und am Hof verworfen: Was das alles koste! Und wie ungewiss der Erfolg sei! Außerdem hielten Lehmwälle nicht lange, dann müsse man sie erneuern. Und schließlich sei man dem Wohlergehen des Volks verpflichtet, dem eine solche Arbeitsbelastung nicht zuzumuten sei. Gleichzeitig wurde aber immer deutlicher, dass die gewünschte Offensivpolitik noch teurer werden würde und ihr Erfolg noch ungewisser wäre.

Am Ende scheint vor allem das Kostenargument gezogen zu haben: Ein Feldzug würde zwei Monate dauern und 150 000 Mann erfordern plus 110 000 Mann für die Logistik, ein Mauerbau aber nur 50 000 Mann, die in zwei Monaten eine gute Strecke Mauer zustände brächten und damit etwas weniger Riskantes und Dauerhafteres schüfen. Selbst eine unvollständige Grenzmauer sei nützlich, da sie die Überfälle auf die Lücken lenken würde, die sich dann gezielter bewachen ließen als Hunderte von Kilometern unbefestigter Grenze. Eine weitere Überlegung kam hinzu: Kehrte durch die Mauer an der Grenze Ruhe ein, ließe sich dort die Landwirtschaft besser entwickeln, die dann wieder dazu dienen könnte, mehr Grenztruppen zu versorgen, sodass durch die Hilfe der Mauer schließlich doch wieder eine offensivere Politik möglich würde. 1473 rückte dann die Geburtsstunde des ersten Teilstücks der großen Ming-Mauer näher dank einer erfolgreichen Doppelstrategie: Ein taktisch gewiefter Ming-General

◀ Bei Hequ (Provinz Shanxi) wird die Große Mauer abrupt durch den Lauf des Gelben Flusses unterbrochen.

▲ Strikte Vorschriften reglementierten den Bau der militärischen Einrichtungen an der Großen Mauer. Diese beiden Wacht- oder Signaltürme am Ufer des Gelben Flusses bei Hequ weisen unterschiedliche Bauformen auf. Während der eine Turm einen im Grundriss viereckigen Baukörper besitzt, wie wir ihn auch von den besser erhaltenen Mauerabschnitten bei Beijing kennen, ist der andere rund und mit einer Art Rampe versehen.

◀▶ Ohne ihre schützende Ziegelummantelung sind Wachttürme und Mauer auf dem Lössplateau am Gelben Fluss bei Xinmin – unweit von Hequ – der fortschreitenden Erosion ausgesetzt. Dennoch kann man auch am erhaltenen Lehmkern gut erkennen, dass die Mauer hier längst nicht so mächtig gewesen ist wie die Grenzbefestigungen in der Nähe der Hauptstadt.

stürmte mit nur 4600 Mann Kavallerie durch die Ordos-Wüste, aber statt sich mit dem Mongolenheer auf eine Schlacht einzulassen, die er hätte verlieren müssen, wandte er sich gegen die Zeltstädte mit der Zivilbevölkerung und ihrem Vieh, steckte die Zelte in Brand und nahm Tausende von Kamelen, Rindern, Pferden und Schafen mit. Die herbeieilenden mongolischen Reiter ließ die erfolgreiche Truppe zum Abschluss noch in einen Hinterhalt laufen. Das alles war zwar keine feine Art, sorgte aber für ein paar Jahre in der Grenzregion des südlichen Ordosgebiets für Ruhe. Die Zeit wurde umgehend zum Mauerbau genutzt. Das Jahr des Feldzugs: 1473. Fertigstellung der ersten Mauerabschnitte: Sommer 1474.

Das eine der zwei Mauerstücke war 200 Kilometer lang und reichte vom rechten Ufer des Gelben Flusses auf der Höhe der heutigen Großstadt Yinchuan nach Südosten bis zum See Huamachi. Der zweite Abschnitt war mit 900 Kilometern länger und begann ebenfalls am rechten Ufer des Gelben Flusses, jedoch auf der Ostseite des Ordosbogens gegenüber vom heutigen Hequ, und verlief von dort nach Südwesten, dann im Bogen ebenfalls bis zum Huamachi. Der Verlauf ist heute auf jeder Chinakarte zu sehen. Entlang der Strecke wurden über 800 zusätzliche Bauten errichtet: Festungen, Wachttürme, Signaltürme. 40 000 Mann kostete das Projekt einige Monate Arbeit – und den Staat eine Million Silberunzen. Bis zur Mitte des 16. Jh.s wurden die Befes-

tigungen weiter ausgebaut und die erste, äußere Mauer durch eine zweite, innere, verstärkt, die in einem Abstand von meist zehn bis zwanzig Kilometern mehr oder minder parallel verlief, dazu kamen weitere Signaltürme und befestigte Garnisonen. Auch wurden die Mauern mehrfach ausgebessert. Denn solche Mauern, wie man sie heute bei Beijing bewundert, waren es keineswegs, wie man an den erhaltenen Abschnitten bis heute sehen kann: Es sind Stampflehmwände, allerdings von durchaus stattlichen Maßen – mit zwei Metern nicht sonderlich dick, aber heute, nach 550 Jahren, immer noch bis über vier Meter hoch.

1482 bestanden die Mauern ihre erste Bewährungsprobe: Ming-Truppen trieben Mongolen, die zu einem Plünderungsfeldzug erschienen, gegen die Mauer und fügten ihnen mit Hilfe des Bauwerks eine schwere Niederlage bei.

Während die Mauer im südlichen Ordosgebiet ihren Nutzen unter Beweis stellte, verließ sich China östlich davon, zwischen dem Gelben Fluss und dem Meer, weiterhin auf die bestehenden Grenzfestungen. Bei Beijing, das nach Norden durch über 1000 Meter hohe Berge geschützt ist, ging dies zunächst recht gut, in Nord-Shanxi, nördlich von Datong dagegen gab es keine vergleichbare natürliche Barriere. Es lag also nahe, mindestens an dieser Stelle ebenfalls eine Mauer zu bauen, und tatsächlich wurde der Beamte, der die Ordos-Mauer bei Hofe durchgesetzt hatte, damit beauftragt.

Europäer sehen die Große Mauer

»In jener fernen Epoche, als die Mauer gebaut wurde, muss China nicht nur ein sehr mächtiges Reich gewesen sein, sondern auch eine sehr weise und tugendsame Nation, oder doch mindestens solche Voraussicht besessen und solche Vorsorge für die Nachwelt getragen haben, dass es in einem Mal errichtete, was ihnen dann als dauerhafter Schutz gegen zukünftige Einfälle galt, wobei es sich eher die enormen Aufwendungen an unmittelbarer Arbeit und Finanzen auflud als nachfolgende Generationen einer heiklen Abhängigkeit von ungewissen Hilfsmitteln auszusetzen. China muss zudem eine ungewöhnliche Wachsamkeit und ein Wahrnehmungsvermögen besessen haben, das es gestattete, aus jedem Tagesgeschehen Nutzen zu ziehen und den geeigneten Augenblick der Ruhe zu ergreifen, um solch eine große und schwierige Unternehmung auszuführen.«

Aus dem Tagebuch des China-Gesandten Lord Macartney, der 1793-94 an den Hof des Qing-Kaisers Qianlong reiste.

»Was das Auge von einer einzelnen Stelle aus von diesen wehrhaften Mauern erfassen konnte, die über die Grate von Hügeln geführt sind, über die Gipfel der höchsten Berge, die hinabsteigen in die tiefsten Täler, auf Bögen die Flüsse kreuzen und sich an vielen Stellen verdoppeln und verdreifachen, um wichtige Pässe einzuschließen, und in die sich fast alle hundert Schritt Türme oder wuchtige Bastionen eingliedern, so weit der Blick reicht: Das bietet sich dem Geist als ein Unternehmen von atemberaubender Größe dar.«

Aus dem Reisebericht von Sir George Staunton, Botschafter der Britischen Krone in China, 1798.

▶ Chinakarte aus der Werkstatt des Leidener Druckers und Verlegers Pieter van der Aa, um 1705. Die Karte ist bereits äußerst detailliert gestaltet, deutlich erkennt man den Verlauf der verschiedenen Mauerabschnitte im Norden Chinas. Als historische Quelle sind solche Karten allerdings problematisch, da hier ein »Kartograf« vom anderen wortwörtlich abgekupfert hat.

LA CHINE,
Suivant les Nouvelles Observations de Mess.rs de l'Academie Royale des Sciences, etc.
Augmentées de Nouveau.
A LEIDE,
chez PIERRE VANDER AA.
Avec Privilege.
Lieues d'Allemagne de 15 au Degré.
Lieues de France de 20 au Degré.
130
135
140
145
TANGUT
Kokotan ou Coucouhoton
PAYS
ORTU
Muraille de la Chine
PECHELI
Pekin
CHANSI
Taiyyven
LEAOTON
Golfe de Cang
Isle de Hamuen
ROYAUME DE COREE
Chausien
M. Chanpe
Lac des 3 Montagnes
CHANTON
Tsinann
Canal Royal
HONAN
Caifon
Singan
Monument du Christianisme decouvert en 1625
Isle de Fungma ou de Quelpaerts
Firando
Gotto
Meaxima
I. Ste Claire
KIAMNAN
Nankin
le Hoanho ou Riviere Jaune
HOUQUAN
Voutcha
Hantcheou
TCHEKIAN
Isle de Feu
KIANSI
Nantchan
Lequeo Grande
FOKIENN
Fotcheou
Isle des Rois Mages
I. de Quemoi
Port d'Emoui
I. de Pescadores ou du Pecheur
ISLE FORMOSE ou de TAYOAN
QUANSI
Queilin
QUANTON
Quanton
Macao aux Portugais
I. da Prata ou Isle d'Argent
ISLE D'HAINAN dont les Cotes sont aux Chinois
Kiontcheou

Sein Name: Yu Zijun. Im Frühjahr 1485 wurde begonnen. Dann aber fiel Yu am Hof in Ungnade. Bereits im Jahr zuvor hatte er sich unbeliebt gemacht, als er in einer Eingabe kritisierte, der Kaiser räume den Eunuchen zu viel Einfluss ein. Nun kam hinzu, dass ein Inspektor dem Hof meldete, der Mauerbau sei für das Volk eine zu große Belastung und koste zu viel. Das war Wasser auf die Mühlen der Eunuchenfraktion, denen die Defensivpolitik gegenüber den Barbaren ohnehin nicht passte. Die Bauarbeiten wurden, kaum begonnen, wieder eingestellt, und noch im selben Jahr ließ sich Yu, vorderster Protagonist des Mauerbaus und »Vater« der ersten großen Ming-Mauer, pensionieren.

Der Hof schob das Nomadenproblem wieder vor sich her, entschlossen zu militärischer Offensive, aber unfähig zu einer umfassenden Politik gegenüber den Nomaden, da dies verlangt hätte, mindestens die Berechtigung von deren grundlegenden Lebensinteressen anzuerkennen. Unterdessen verschärfte sich die Situation wieder dadurch, dass sich ein Teil der Mongolen unter einem Führer namens Batu Möngke erneut einte. Da dieser einen anderen Teil der Mongolen bekriegte, der daraufhin in die Gegend

▲ Die Stampflehmruinen der Großen Mauer bei Guangwu an der Nordgrenze der Provinz Shanxi lassen trotz aller Verwitterung noch erahnen, wie mächtig die Grenzbefestigung hier einst gewesen ist.

◀ Mauerabschnitt nördlich von Datong, Provinz Shanxi. Die Ziegel sind abgetragen, denn schon lange diente die Große Mauer der Landbevölkerung als Steinbruch, wenn Baumaterial benötigt wurde.

des Kuku Nor, des größten Sees im Norden des tibetischen Hochlands, auswich, wurde das Ming-Reich nun auch von Westen her bedroht.

Die fruchtlosen Fraktionskämpfe am Hofe erreichten unter dem Jiajing-Kaiser, der von 1522 bis 1567 herrschte, einen Höhepunkt, ebenso wie die Verachtung, mit der der Hof auf die Mongolen herabsah. Sie ging so weit, dass in den offiziellen Dokumenten das Zeichen »yi« für »Barbaren« nun stets so klein wie möglich geschrieben werden musste.

Während am Hof gestritten wurde, erwuchs den Mongolen mit Altan Khan (1507–1582) der stärkste Führer seit Beginn der Dynastie. Er begann seine Chinapolitik friedlich und bat zweimal, 1541 und 1542, um die Erlaubnis, mit dem Ming-Reich Handel treiben zu dürfen. Die Gesuche wurden

abgelehnt. So begann eine neue Folge von Grenzüberfällen, neuen Handelsgesuchen, neuen Ablehnungen und wieder neuen Grenzüberfällen. Es war ein Muster, das sich von nun an fast drei Jahrzehnte lang wiederholen sollte – mit entsetzlichen Opfern in der grenznahen Zivilbevölkerung, dem Raub von Rindern und Pferden in siebenstelligen Zahlen und der Verwüstung ganzer Landstriche.

Beunruhigend für die Chinesen war noch etwas anderes: Die Mongolen waren dabei, ein neues Großreich nach chinesischem Muster aufzubauen. Unter anderem gründete Altan Khan den Ort Hohhot, heute die Hauptstadt der Inneren Mongolei, als eine gegen die chinesische Grenzstadt Datong gerichtete Trutzburg – mit einem Palast nach dem Vorbild der Verbotenen Stadt in Beijing und einer großenteils chinesischen Bevölkerung. Die Kosten für eine rein militärische Lösung des Problems

schraubten sich dadurch für die chinesische Seite immer mehr in die Höhe und überstiegen bald selbst die Leistungsfähigkeit eines so großen und reichen Staates wie des Reiches der Mitte. Die einzige Lösung, die China schließlich verblieb, war, sich möglichst gut einzuigeln.

Nachdem man sich zu diplomatischen Lösungen über ein Jahrhundert lang nicht hatte durchringen können, mussten die neuen Mauern stabiler sein als je zuvor. Mit einer riesigen Schar von Bauern innerhalb von zwanzig Tagen Hunderte von Kilometern Lehmwall hinzustellen hätte unter den veränderten Bedingungen – eine neue Art der Kriegführung mit

◄▲ Die hohe Lage der Ming-Mauer im Gebirge war eine ideale Voraussetzung für die Beobachtung der Grenze. Aus der Höhe fällt der Blick in die Ebene auf die Stadt Guangwu, deutlich erkennbar am Rechteck ihrer historischen Stadtmauer.

◄◄ Vorhergehende Doppelseite: Die Große Mauer bei Badaling folgt auf nahezu aberwitzige Weise dem Gebirgskamm und bietet so ein atemberaubendes Panorama.

Feuerwaffen, zahlreiche befestigte Stützpunkte auf der Gegenseite, die übergroße Grenznähe der Hauptstadt – nichts mehr genutzt. Solche Leichtbauversionen mochten allenfalls noch für die Gegenden angehen, die für die Mongolen ohnehin nicht so attraktiv waren oder fernab vom Schuss lagen: Gansu im Westen zumal und der äußerste Osten, die Südmandschurei.

Auch für den besonders wichtigen Abschnitt zwischen dem Gelben Fluss und dem Meer gab es jedoch nie einen umfassenden Generalplan zum Mauerbau. Vielmehr wurde, vor allem in den ersten Jahrzehnten, stückweise nach der strategischen Bedeutung der einzelnen Abschnitte vorgegangen, und zwar von West nach Ost. Dies spiegelte die Entwicklung der Bedrohung wider: Da die bestehenden Mauern im Ordosgebiet, einem Schwerpunkt der Mongolen, Plünderungen in diesem Gebiet verhinderten oder zumindest erschwerten, verlagerten sich die Nomadeneinfälle zunächst in den Bereich von Datong und später, nachdem dort Befestigungen entstanden waren, weiter nach Osten und damit mehr in die besonders kritische Gegend von Beijing.

In der Gegend von Datong hatten Bauarbeiten schon in den 1530er-Jahren begonnen, aber zunächst weitgehend beschränkt auf die Verstärkung der Grenzfestungen. 1544 wird für diesen Bereich jedoch die Fertigstellung von langen Mauern erwähnt, zunächst wie im Ordosgebiet noch in der Form von Stampflehmwällen. Mindestens so wichtig wie die eigentliche Mauer war der Bau von Wacht- und Signal-

türmen sowie von zusätzlichen Festungen. Bis 1587 entstanden in der Gegend von Datong 788 Signaltürme und 52 große Forts zusätzlich zu den 20 Forts, die bereits vor 1534 gebaut worden waren. Von den bis 1569 gebauten Forts waren nur drei mit Backsteinen ummantelt, von 70 Forts, an denen zwischen 1572 und 1609 gebaut wurde, erhielten jedoch 67 eine derart solide Befestigung.

In den 1540er-Jahren begann auch der Mauerbau nördlich von Beijing. Einer Eingabe aus dem Jahr 1547 zufolge, die ein für die Verteidigung zuständiger Beamter verfasst hatte, wurde dort eine nach Norden vorgeschobene, erste Linie

▲ Die Große Mauer bei Badaling – unweit der Ming-Gräber – gehört zu den am massivsten ausgebauten Teilen der Grenzbefestigung.

◀ Opferhalle vor einem der 13 Grabhügel in den Ruinen der Kaisergräber der Ming-Dynastie bei Beijing.

▲ Die Zinnen und Schießscharten am Wehrgang der Großen Mauer sind eine Neuerung der Ming-Zeit.

▲ Oft wurden die Ziegel der Großen Mauer von ihren Erbauern datiert. Diese hier – und damit wird auch das Datum der Errichtung dieses Abschnitts bei Simatai verraten – stammen aus dem 5. Regierungsjahr des Wanli-Kaisers: 1577.

▶ Blick aus dem Fenster eines Wehrturms auf die Große Mauer bei Mutianyu.

errichtet, um den hauptstadtnäheren Grenzbefestigungen zusätzlichen Schutz zu geben. Schon ein Jahr zuvor hatte dieser Beamte mit der Leitung des Mauerbaus in Shanxi begonnen. Sein Name war Weng Wanda. Er kann nach dem zuvor erwähnten Yu Zijun als zweiter Vater der großen Ming-Mauer gelten. Als die von ihm geleiteten und angeregten Arbeiten 1548 abgeschlossen wurden, war Beijing von Westen und von Norden her geschützt. Die Länge der neuen Mauern, die im Wesentlichen durch die Grenzsoldaten errichtet worden waren, betrug 850 Kilometer.

Ein »Erfolg« des Mauerbaus zeigte sich schon im Herbst des Jahrs der Fertigstellung: Die Mongolen fielen an anderer Stelle ein als zuvor, nämlich dort, wo die Mauern unmittelbar nördlich von Beijing endeten. Also entwickelte Weng Wanda weitere Mauerbaupläne: Für 375 Kilometer zusätzlicher Befestigungen weiter im Osten würden 70 000 Mann benötigt, legte er dem Kaiser dar, die Arbeiten würden 152 Tage dauern und die Kosten 436 000 chinesische Silberunzen betragen. Der Hof billigte den Plan, nicht aber den Kostenvoranschlag: Nur 70 000 Silberunzen wurden bereitgestellt, weniger als ein Sechstel.

Die Sparsamkeit rächte sich umgehend: Im Herbst 1550 zog Altan Khan mit 100 000 Reitern von Westen heran, umritt die Befestigungen im Norden und drang in der Gegend von Gubeikou – der Pass, durch den

▲ Verfallene und teilweise überwachsene Teile der Ming-Mauer bei Gubeikou.

▶ Die Baumeister der Ming-Zeit haben den Verlauf der Mauer konsequent auf dem höchsten Grat der Gebirge im Grenzgebiet geführt.

heute die Eisenbahn nach Chengde führt – durch Lücken in der Befestigung nach Süden vor. Nun war der Weg zur Hauptstadt frei. Die zu erobern war freilich nicht Altan Khans Absicht, es wäre auch kaum möglich gewesen, dazu war sie zu stark befestigt. Aber die östlichen Vororte wurden ausgiebig geplündert.

Der Schock, von Beijings Stadtmauern aus hilflos zusehen zu müssen, wie die Eindringlinge das Volk drangsalierten und die Gehöfte und Landsitze in Brand steckten, saß tief und führte zur Blütephase des Mauerbaus, die bis zum frühen 17. Jh. dauerte. Zwar schob sich eine Phase des Friedens ein, die von 1571 bis in die 80er-Jahre dauerte: Während dieser knapp anderthalb Jahrzehnte unterhielt China auf Drängen eines ebenso mächtigen wie einsichtsvollen Hofbeamten jene Handels- und Tributbeziehungen mit den Mongolen, die es hätte längst haben können, und mit ähnlich günstigem Erfolg, denn während dieser Jahre kam es nicht nur zu keinen Überfällen an der Grenze mehr, auch die Verteidigungsausgaben sanken drastisch. Der Ausbau der Grenzbefestigungen ging währenddessen weiter – und wurde erneut dringend, als der Hof zu

seiner alten Politik der Verachtung gegenüber den »Barbaren« im Norden und der Isolation zurückkehrte. Großenteils in der Wanli-Ära (1573–1620) gewannen die Mauern auf diese Weise jene Dimensionen und Gestalt, wie wir sie heute in der Gegend von Beijing sehen; weitere Arbeiten wurden auch danach noch ausgeführt – bis zum Ende der Dynastie im Jahr 1644.

Hinsichtlich ihrer Größe und der Kühnheit ihres Verlaufs sind diese Mauern mit den früheren kaum mehr vergleichbar. Wie bereits erwähnt folgen die Ming-Mauern den Bergkämmen, denn diese denkbar kostspieligste Trassierung bot zugleich den besten Schutz. Sodann wurden alle diese Mauern entweder aus gebrannten Ziegeln oder – zu einem geringeren Teil – aus Naturstein errichtet; der dazu verwendete Mörtel war eine altbewährte und sehr haltbare Mischung aus Kalk und Klebreis. Die verwendeten Backsteine erhielten einen Stempel mit Datum – dies macht die Datierung der Mauern bis heute leicht, auch wenn die Stempel nichts darüber aussagen, ob die Backsteine womöglich eine schon vorher bestehende Mauer nur neu einfassten. Die Maße der Mauern sind nicht überall gleich. In der Nähe von Beijing sind sie an der Basis 7 bis 8 Meter, auf der Krone etwa 5 Meter stark und 6 bis 9 Meter hoch, mit Brustwehr und Zinnen etwa 7,5 bis 19,5 Meter. Die Backsteinummantelung ist innen wie außen bis zu 1,5 Meter dick; das Innere ist unterschiedlich verfüllt – mit Schotter, Lehm oder Sand.

▼ Die wieder aufgebaute Festungsanlage am Juyongpass bei Beijing.

▶ Die Innenwände im Durchgang der »Wolkenterrasse« am Juyongpass zwischen Beijing und Badaling sind mit buddhistischen Reliefdarstellungen und »Grußbotschaften« in den Sprachen der nördlichen und westlichen Nachbarn Chinas übersät. Das Tor stammt bereits aus der – mongolischen – Yuan-Dynastie und wurde von den Baumeistern der Ming-Zeit in die Grenzanlagen integriert.

Auf besonders schmalen Graten wurden die Mauern jedoch schmaler ausgeführt, an manchen Abschnitten findet sich bloß eine massive, weniger als 50 Zentimeter starke Außenwand ohne Zinnen, aber mit Schießscharten, hinter denen ein Laufgang zu ebener Erde verläuft.

In Abständen von wenigen hundert Metern wird die Mauer von etwa 12 Meter hohen Türmen überragt, die mit 10 bis 20 Mann besetzt waren und als Waffenlager dienten, vor allem aber auch die Funktion von Signaltürmen hatten. Besonders gefährdete Pässe waren mit teils riesigen Forts verstärkt. Das wohl wichtigste von allen war Juyongguan, das man auf dem Weg von Beijing nach Badaling passiert; seine 6,5 Kilometer lange Ringmauer wurde bis 1998 restauriert; ursprünglich schloss sie eine große Garnison ein.

Juyongguan und die anderen Forts, darunter als die berühmtesten Shanhaiguan am Ostende und Jiayuguan am Westende der Ming-Mauer, sind freilich älter als die Ming-Mauer selbst. Die Geschichte von Juyongguan geht mindestens bis in die frühe Han-Zeit zurück. Die Ming-Dynastie baute den Ort schon gleich nach ihrer Gründung im Jahr 1368 zu einer Festung aus. Shanhaiguan scheint erstmals im Zuge des Mauerbaus der Nördlichen Qi-Dynastie im 6. Jh. befestigt worden zu sein. Unter den Ming begannen die Bauarbeiten dort im Jahr 1381. Jiayuguan ist dagegen vergleichsweise jung: Dieses Westtor des Reiches wurde erstmals 1372 erbaut und später mehrfach verstärkt; im 16. Jh., noch vor der Welle des mingzeitlichen Mauerbaus, erhielt Jiayuguan im Wesentlichen seine heutige Form mit doppelt so hohen Mauern wie zuvor.

Das System der Großen Mauer umfasste jedoch noch mehr als die Mauer selbst mit ihren Türmen und ihren Grenzfestungen. Der Mauerbau selbst wäre unsinnig gewesen ohne die außerordentlich große Zahl von Signaltürmen, die Kommunikationslinien in Richtung Hauptstadt bildeten. Die Zahl dieser Türme ist nicht bekannt; Schätzungen besagen, dass es an die 15 000 gewesen sein dürften - zusätzlich zu 20 000 bis 25 000 entlang der Mauer selbst. Besonders eindrucksvoll ist das System der Signaltürme am Ostufer des Gelben

Flusses östlich des Ordosbogens und von dort weiter entlang der Mauer in nordöstlicher Richtung. Die Türme stehen dort nur wenige hundert Meter voneinander entfernt, wobei am Hang über dem Fluss errichtete vor allem Beobachtungsfunktion hatten, während die auf den Höhen stehenden, von denen aus die gefährdeten Täler nicht unbedingt einzusehen waren, einzig der Signalübermittlung dienten.

Wie lang die Großen Mauern der Ming-Dynastie am Ende waren, ist bis heute immer noch nicht genau bekannt. Ältere Schätzungen kommen auf rund 6000 Kilometer, tatsächlich dürften es bis zu 7000 Kilometer gewesen sein. Genaue Messungen werden dadurch erschwert, dass die Mauer in der Wirklichkeit teils länger, teils kürzer ist als auf der Landkarte: länger, weil sie im Gelände auf und ab geht, kürzer, weil sie entgegen allgemeiner Ansicht kein zusammenhängendes Bauwerk ist. So treffen die von Südwesten und von Osten kommenden Mauern am Gelben Fluss östlich der Ordosbogens nicht genau aufeinander; vielmehr dient dort der Fluss selbst über eine gewisse Strecke als natürliche Barriere. Aber auch im Gebirge wurde vereinzelt auf den Mauerbau verzichtet, so unmittelbar westlich des Ostendes bei Shanhaiguan: Die steilen Felswände der dortigen Berge boten als natürliche Barriere ebenfalls genügend Schutz.

◀▲ Die Festungsanlage von Jiayuguan, dem westlichen Ende der Ming-Mauer. Der Komplex wurde aufwendig restauriert. Gut erkennt man die rechteckige Umfassungsmauer, innerhalb derer die Quartiere und Versorgungsgebäude liegen. Die Zugänge sind massige Tore, die von dreistöckigen Turmbauten gekrönt werden.

Das Ende der Mauerära

Das gewaltige Festungswerk der Ming-Dynastie war, wie dargestellt, nicht so sehr eine Reaktion auf Angriffe von außen als vielmehr eine Folge innerer Verhältnisse Chinas. Immer wieder hatten die Mongolen gebeten, China möge ihnen den Grenzhandel gestatten und ihre Tributgesandtschaften empfangen. Das konfuzianische China jedoch hatte ab der Mitte des 15. Jh.s in seinem kulturellen Dünkel beides abgelehnt, und die Stimmen der Beamten, die sich mit der Lage an der Grenze auskannten und die Forderungen der Mongolen als berechtigt ansahen, hatten sich am Hof nicht durchsetzen können. Der Mauerbau war, so gesehen, das Stein gewordene Eingeständnis politischen Scheiterns.

Welche zentrale Rolle die Politik spielte und welch untergeordnete – bloß taktische und nicht strategische – Rolle die später zum ruhmreichen Symbol Chinas aufgestiegene Große Mauer, erwies sich mit unerwünschter Deutlichkeit im Jahr 1644.

Schon seit dem 16. Jh. war China heruntergewirtschaftet worden. Nicht nur die Kosten des Mauerbaus belasteten das Budget, auch die riesigen Apanagen, die die Prinzen und ihre Nachkommen bezogen, sowie die Ausgaben für einen Koreafeldzug. In der Folge wurden die Steuerlasten erhöht, dies wiederum löste, als Missernten hinzukamen, Volksaufstände aus. Der Anführer einer dieser Rebellionen marschierte 1644 auf Beijing und konnte die Stadt im Nu einnehmen. Der letzte Ming-Kaiser erhängte sich, um den Rebellen nicht in die Hände zu fallen.

Der Sturz des Ming-Reichs war also ganz ohne Einwirkung äußerer Feinde zustande gekommen, und sofern die Große Mauer damit doch etwas zu tun hatte, hatte sie eine negative Rolle gespielt: Durch die Kosten, die ihr Bau verursachte, hatte sich die Not im Lande vermehrt.

Die eigentliche Pointe sollte aber noch kommen. Im Zuge des allgemeinen Verfalls staatlicher Ordnung war auch die nördliche Landesgrenze seit Jahren – im Grunde seit Jahrzehnten – nicht mehr richtig verteidigt worden. Vielleicht wiegte auch die

◀ Blick über den Kaiserpalast in Beijing vom so genannten Kohlenhügel aus, auf dem sich der letzte Ming-Kaiser das Leben genommen haben soll.

▲ Die Wacht- und Signaltürme lagen stets so nah beieinander, dass eine lückenlose Verständigung – nachts durch Feuersignale, tagsüber durch Rauchzeichen – gewährleistet war.

Die Mauern – eine Fehlinvestition?

Hat sich der gewaltige Aufwand, den die chinesischen Reiche über Jahrhunderte zur Grenzsicherung betrieben, jemals gelohnt? Die Ming-Mauer erstreckt sich immerhin über eine Luftlinie von 2200 Kilometern. Die Kosten, solche Bauten, die dazu noch am Rande von Wüsten und über Gebirge verlaufen, zu errichten und zu unterhalten, waren enorm, doch immer wieder wurden die Grenzbefestigungen von Armeen der Steppenvölker überwunden. Könnte es also nicht sein, dass sich die Chinesen hinsichtlich des Nutzens dieser Grenzwälle Illusionen hingegeben haben?

Da verschiedene Dynastien und Reiche über gut 2000 Jahre hinweg die Mauerbauidee immer mal wieder neu auflegten, scheinen sich die Mauern zumindest in den Augen der Chinesen durchaus bewährt zu haben. Aber man muss sehen, was man von ihnen realistischerweise erwarten konnte. Aufgrund der imposanten Wehrhaftigkeit der großen Ming-Mauer herrscht allgemein die Überzeugung, es sei Aufgabe der Mauern gewesen, das Reich nach Norden hin vor Eroberung schützen. Das ist jedoch ein Irrtum, da die Nomadenvölker in der Regel nicht an der Eroberung Chinas interessiert waren, sondern nur in grenznahen Gebieten Beute machen wollten. Die erste Aufgabe der Mauern bestand also in der Grenzsicherung in ähnlicher Weise, wie es Zäune tun: Sie verhindern, dass jemand unbemerkt auf die andere Seite läuft, dort Böses anstellt und sich dann auf dem gleichen Wege wieder aus dem Staub macht. Schon Sir George Staunton, der 1793 an einer britischen Gesandtschaftsreise zum chinesischen Kaiser teilnahm, notierte am Pass Gubeikou in sein Tagebuch: »Eine überlegene Armee wird immer jede Art von Verteidigung überwinden, und keine Befestigung ist unbezwingbar. Festungen bewahren ein Land aber davor, von einer plötz-

▶ Die überwachsene Ming-Mauer bei Mutianyu.

◀ Mit diesem »Feind« hatten die mingzeitlichen Erbauer nicht gerechnet: Dem Wasser eines Stausees hat selbst die Große Mauer nichts entgegenzusetzen.

lichen Invasion überrascht zu werden, und Festungsmauern, die sich entlang einer Grenze hinziehen, dienen als Schutz gegen plötzliche und unerwartete Übergriffe oder gegen einseitige Angriffe einzelner Plünderer zu Friedenszeiten«. In der Tat haben Chinas Mauern als solche niemals eine entschlossene Armee davon abhalten können, ins Reich einzudringen. Das Hindernis in großer Zahl mit Pferden zu überwinden, kostete jedoch Zeit – Zeit, die die Verteidiger nutzen konnten, über das weit gespannte Signalsystem, das zur Grenzsicherung gehörte, von umliegenden Garnisonen Verstärkung anzufordern. Insofern verbesserte die Mauer die Chancen einer erfolgreichen Verteidigung – unter der Voraussetzung, dass sie bewacht und regelmäßig ausgebessert wurde.

Der Zweck der nördlichen Grenzmauern war jedoch nicht zu allen Zeiten derselbe. So sicherten die Mauern des 3. und 2. Jh.s v. Chr. das von China eroberte Territorium, verliefen daher nördlicher als die defensive Mauer der Ming. Vor allem aber ist zu bedenken, dass die meisten Dynastien ohne jegliche Grenzmauer auskamen. Denn nur selten standen sich China und die Barbaren unvermittelt gegenüber. Vielmehr übte die chinesische Kultur fast immer eine starke assimilierende Wirkung auf Chinas Nachbarn aus; zudem sicherten sich die Kaiser gewöhnlich durch Diplomatie (Heiratspolitik, Geschenke) und durch Öffnung von Grenzmärkten das Wohlwollen der »Barbaren«. Kostenträchtige Grenzwälle entstanden daher nur zu solchen Zeiten, in denen an der Grenze ein greifbarer Kulturgegensatz herrschte, der durch andere Maßnahmen und durch Kultureffekte nicht gut genug in den Griff zu bekommen war. In solchen Fällen konnte der Mauerbau zu einer Stabilisierung der Lage an der Nordgrenze durchaus einiges beitragen. Wahrscheinlich »rechneten« sich die Mauern sogar: China sparte dadurch an Rüstung, Munition und Truppenstärke, vermied in den Grenzlanden Vermögensschäden durch Raubzüge und sicherte sich Zolleinnahmen.

Für die Ming-Mauer freilich, die größte und jüngste von allen, gilt dies kaum. Wenn der Hof nicht derart von konfuzianischem Dünkel erfüllt gewesen wäre, dass er den Mongolen die von ihnen nachdrücklich gewünschten Handels- und Tributbeziehungen verweigerte, hätte sich das Ming-Reich den ganzen großen Mauerbau wohl sparen können. Dass auch die Ming-Mauer dennoch keine Fehlinvestition war, zeigt sich allerdings erst heute in den Einnahmen aus dem Fremdenverkehr.

◀ Schnee über den Lössterrassen und der Großen Mauer in Nord-Shanxi.

▶ Winter in Nordchina: eine dichte Schneedecke wie hier auf einem Mauerabschnitt bei Mutianyu hat den Wachdienst der Grenzsoldaten gewiss erschwert.

Mauer die Verantwortlichen zu sehr in trügerischer Sicherheit. Unterdessen hatte sich in der Mandschurei ein neues Staatswesen gebildet: Die Mandschu – die ehemaligen Dschurdschen – waren von Nurhaci (1559–1626) geeint worden. China war in vieler Hinsicht sein Vorbild, er selbst kannte Beijing, da er mehrfach mit Tributgesandtschaften dorthin gereist war. 1616 rief er sich zum Khan aus und gab sich nach Art der chinesischen Kaiser eine Regierungsdevise, 1618 eroberte er die vom Ming-Reich gehaltene Südmandschurei, 1625 verlegte er seinen Regierungssitz dorthin und ließ sich in der neuen Hauptstadt Shenyang einen Palast bauen. Sein Nachfolger Abahai (1592–1643) führte das Werk fort. Nachdem der Ming-Kaiserhof auch die Mandschus wiederholt schwer düpiert und ihnen gegenüber die gleiche feindliche Einstellung gezeigt hatte wie gegenüber den Mongolen, wollte Abahai es seinen Nachbarn nun heimzahlen. Am 11. Dezember 1629 drang er mit seinen Truppen über ein offenbar nur wenig bewachtes, kleineres Fort erstmals durch die Große Mauer ein.

Dies gelang leicht, da die Mauer Flussläufe nicht blockieren konnte, sondern überbrücken musste, wobei sich die Abmessungen der Durchlässe nach den sommerlichen Regenfluten richteten und entsprechend groß waren. Gegen Eindringlinge waren die Öffnungen zwar mit Gattern verschlossen, doch ließen diese sich in der winterlichen Trockenzeit, wenn die Flüsse versiegten, leicht herausbrechen – im System der massiven

Mauern echte Schwachpunkte. Den Mandschus kam aber noch eine weitere Unvollkommenheit des Mauersystems zugute: Da die Ming die Grenzbefestigungen im Wesentlichen zur Abwehr der von Westen und Nordwesten kommenden Mongolen erbaut hatten, war der östliche Abschnitt zwischen Beijing und dem Meer nur mit einer einfachen Mauerlinie gesichert worden. Die Mandschus konnten die unterbezahlten und unmotivierten Ming-Truppen, die sich ihnen entgegenstellten, leicht schlagen und drangen Ende des Jahres bis Beijing vor, das sie eine gute Woche belagerten, ehe Abahai sich mit seinen Mannen anderen Zielen zuwandte und sich wieder in die Heimat jenseits der Großen Mauer zurückzog.

Auch in den folgenden Jahren fielen Abahais Heere immer mal wieder über die Mauer nach China ein, indem sie an einer schwachen Stelle eine Bresche hineinschlugen; wenn dann Ming-Truppen herbeieilten, waren die an Kampfkraft und Entschlossenheit überlegenen Angreifer meist schon im Lande. Als im Herbst 1638 ein mandschurischer Truppenteil ein Stück Mauer nordöstlich von Beijing zerstörte, wurden dort sogleich chinesische Grenztruppen zusammengezogen – mit der Folge, dass die angrenzenden Teile der Mauer nun unbewacht waren. Ein anderer mongolischer Truppenteil, der sechs Tage später weiter östlich angriff, traf dort auf keinerlei Widerstand mehr. Ein erneuter Mauerdurchbruch erfolgte 1643 an einem mit Kanonen und

Minen schwer bewaffneten Pass. Als man dort im Schutz der Nacht auf die Festung vorrückte, müssen die Bewacher in tiefem Schlummer gelegen haben. »Die feindlichen Soldaten, welche die Sperre bewachten, sind nicht zum Abfeuern der Kanonen gekommen und von unserem Heere bis auf den letzten Mann niedergemacht worden«, meldete der Mandschu-Heerführer später. Die Große Mauer war eben nur so gut wie ihre Besatzung. Die wiederholten Erwähnungen der Mauer in der Gründungsgeschichte der Mandschu-Dynastie deuten allerdings darauf hin, dass das Bauwerk für Angreifer doch ein gewisses Problem darstellte.

Das Beste kam aber noch: Als Aufständische Beijing erobert und die Ming-Dynastie gestürzt hatten, hielt der General Wu Sangui dem Kaiserhaus die Treue. Wu bewachte mit seinen Truppen die Ostfestung Shanhaiguan. Als die Rebellen ihn nun aufforderten, sich zu unterwerfen, schickte er stattdessen ein Hilfegesuch an die Mandschus: Sie mögen sich ihm doch anschließen und helfen, die Rebellen aus Beijing zu vertreiben. Die Mandschus taten nichts lieber. Am 27. Mai 1644 erschien ihr Heer vor Shanhaiguan und Wu Sangui kam eigens zur Begrüßung heraus. Diesmal mussten die Fremden keine Bresche in die Große Mauer schlagen: Die Tore wurden ihnen weit geöffnet. Wie gewünscht, vertrieben sie die Rebellen – und kassierten bei der Gelegenheit gleich ganz China. Am 30. Oktober 1644 bestieg Fulin, ein Sohn Abahais, als erster Kaiser der neuen Dynastie Qing den Drachenthron.

Damit war auch die Große Mauer funktionslos geworden. Die Mandschus hatten sich schon vor der Dynastiegründung mit einem Teil der Mongolen verbündet; nach der Eroberung Chinas dehnten sie ihr Reich energisch weiter aus, bis es eine nie da gewesene Größe erreichte: Um 1760 umfasste es Südostsibirien und die ganze Äußere Mongolei, ging im Westen über die Grenzen des heutigen China hinaus bis an den Balchasch-See, und erstmals war auch Tibet inkorporiert. Militärische Macht, Diplomatie und Religion waren die Mittel, mit denen die Mandschukaiser die nichtchinesischen Völkerschaften kontrollierten und an ihr chinesisches Reich banden. Eine ernsthafte Bedrohung aus der Steppe gab es nicht mehr, und während die Große Mauer verfiel, erlebte die konfuzianisch-chinesische Kultur ihre letzte große Blütezeit. Die neuen Feinde sollten erst im 19. Jh. übers Meer kommen.

▲ Der Torbau der Festung Shanhaiguan am östlichen Ende der Mauer.

Chinas Mauern heute

Ein Nationalsymbol zwischen Archäologie und Tourismus

Die Stimmen der Archäologen, die behutsam über die Mauer forschen und ihr historisches Gesicht bewahren wollen, sind eher verhalten – gemessen an den Bedürfnissen vor allem auch chinesischer Touristen. Gemeinsam mit dem Taishan, dem heiligsten aller Berge Chinas, gehört die Große Mauer zu den Reisezielen, die man – so man es sich leisten kann – einmal im Leben besucht haben sollte. Als Symbol der nationalen Größe und Einheit kommt der Mauer ohnehin eine besondere Bedeutung zu. Vom westlichen bis zum östlichen Ende gibt es auch heute noch zahlreiche atemberaubende Zeugen der über 2000-jährigen Geschichte des Mauerbaus zu bestaunen. Doch kaum eine Stelle wird so häufig heimgesucht wie die Abschnitte rund um die Hauptstadt Beijing, wo so mancher »restaurierter« Mauer-Kilometer nicht älter als 20 Jahre sein dürfte.

◀ Mit ihren zahlreichen massiven Forts und Wachttürmen ist die mingzeitliche Mauer bei Mutianyu ein beeindruckendes Beispiel chinesischer Festungsbaukunst.

Immer neue Besucherwogen branden tagaus, tagein durch das Tor von Laolongtou, dem »Alten Drachenkopf«, vornweg ein Fremdenführer mit Megafon und hoch gehaltenem Dreieckswimpel. Aber auch viele Einzelreisende kommen, fast ausschließlich Chinesen. Mal sind es Schulkameraden auf Ferientour, mal Familien, mal junge Pärchen, mal Arbeitskollegen auf Dienstreise. Die Dimensionen des Parkplatzes, auf dem die Busse und Taxis die von fern her Angereisten entlassen, entsprechen der nationalen Bedeutung der Attraktion und der Besonderheit des Ortes: Hier ist das Ostende der Großen Ming-Mauer, hier trifft sie aufs Meer.

Der »Alte Drachenkopf« ist eine richtige Festung und gleich aus mehreren Gründen sehenswert. Zum einen natürlich, um den Gegensatz von Mauer und Meer zu bestaunen, zum Zweiten, weil man am Strand spazieren, im Uferwäldchen picknicken und in einer Budenzeile Andenken erwerben kann, zum Dritten, weil für allerlei Vergnüglichkeiten gesorgt ist mit einem Freiluftlabyrinth und der Möglichkeit, ein paar Runden zu reiten, und zum Vierten, weil es hier einfach zum Sich-Wohlfühlen ist: Der salzige Seewind erfrischt die Lebensgeister, Bäume spenden Schatten, bunte Standarten mit

▼ Der von 1986 bis 1992 wiederaufgebaute Wachtturm des »alten Drachenkopfes«, dem östlichen Endpunkt der Großen Mauer bei Shanhaiguan. Hier endet die Mauer abrupt am Ufer des Gelben Meeres.

»Restauriert unsere Große Mauer«

»Unser China lieben und unsere Große Mauer restaurieren!« Im September 1984 formulierte Ministerpräsident Deng Xiaoping damit eine nationale Aufgabe. Chinas berühmtes Bauwerk, allenthalben in einem jämmerlichen Zustand, verfallen und vielerorts vergessen, sollte in neuem Glanz erstrahlen. Zuvor hatten Archäologen, Denkmalschützer und Zeitungen Alarm geschlagen. Allein bei den Mauerabschnitten im Verwaltungsgebiet von Beijing war auf 66 Prozent der Länge nur noch Schutt vorhanden, wie die Beijinger Abendzeitung am 27. Juni 1984 meldete. Restauriert und instand gehalten waren damals gerade mal 16 Prozent – und außerhalb des Hauptstadtgebiets so gut wie gar nichts. Vor allem in Zeiten des Mangels waren die mit gebrannten Ziegeln ummantelten Abschnitte als kostenloser Baustoffvorrat geplündert worden. Zurück blieben unscheinbare Erdwälle.

Mit solcher Missachtung des weltberühmten Nationalsymbols sollte nun Schluss sein. Spendenaktionen wurden durchgeführt, Benefizkonzerte veranstaltet, Pläne ausgearbeitet. »Innerhalb von 20 Tagen wurden 700 000 Yuan gespendet«, meldete die Presse stolz, ein anonymer Hongkonger schickte 150 000 Yuan, ein Japaner namens Okawa Masanobu gar eine Million.

Erst wenige Jahre zuvor hatte die moderne Erforschung dieses bis dahin trotz seiner Berühmtheit weitgehend unbekannten Bauwerks eingesetzt. Fragen, die sich Archäologen, Historiker und Denkmalpfleger stellten, lauteten: Wo gibt es Reste? Von wann sind sie? Wie sahen die Mauern und Lehmwälle ursprünglich aus? Was muss geschehen, um die Ruinen zu erhalten?

Als sich chinesische Gelehrte 1979 erstmals zu einer Tagung über die Geschichte des chinesischen Mauerbaus trafen, wurden vor allem Feldstudien und Vermessungen angemahnt. Seitdem hat sich einiges getan. Auch wenn die Untersuchungen noch längst nicht abgeschlossen sind, ergibt sich doch heute schon ein viel differenzierteres, genaueres und umfassenderes Bild des Mauerbaus als bisher, sodass zu Recht von einer Wiederentdeckung des Bauwerks gesprochen werden kann.

Seit dem Aufruf Deng Xiaopings hat sich auch das Aussehen der Großen Ming-Mauer an etlichen Stellen gründlich gewandelt. Nicht immer ist klar, ob die Neubauten gesicherten Erkenntnissen über die historische Gestalt folgen, im Gegenteil erfolgten mancherorts Ergänzungen oder Änderungen offensichtlich im Interesse der touristischen Verwertung. Im Großen und Ganzen wurde der Charakter des Bauwerks dadurch jedoch nicht beeinträchtigt.

▶ Die Große Mauer ist gerade auch für chinesische Touristen eines der wichtigsten Reiseziele. Ein Erinnerungsfoto als Beweis dafür, dass man die Mauer bestiegen hat, ist entsprechend unverzichtbar für jeden Chinesen, den die Reise nach Beijing führt.

wehenden Bändern setzen den grauen Mauern festliche Glanzlichter auf und entsprechend heftig klicken die Auslöser der Kameras.

Und lehrreich ist die Stätte obendrein, und das gleich in mehrfacher Hinsicht. Der »Alte Drachenkopf« ist zwar eine historische Stätte, aber gleichzeitig ein Ort, wo die Mauer ungefähr so frisch ist wie am ersten Tag. Noch vor zwanzig Jahren nämlich war hier nicht viel mehr zu sehen als ein großer Trümmerhaufen. Ein paar unansehnliche Reste ragten aus dem Backsteinschutt, keine Großparkplätze gab es, kein Labyrinth, keine Fahnen, und auch der Meergotttempel, der am Meeressaum einen guten Steinwurf weit entfernt steht und die Besucher zu einem Abstecher lockt, stand noch nicht. Dann, 1984, kam Deng Xiaopings Aufruf: »Unser China lieben und unsere Große Mauer restaurieren!«, und die Wiederaufbauplanung begann. Von 1986 bis 1992 entstand schließlich die Anlage, wie man sie heute sieht. Unten an der breiten Rampe, über die die Besucher von den Festungsmauern zum Strand hinabschreiten, steht Deng Xiaopings Aufruf in eigenhändiger Kalligrafie in Stein gehauen, und wohl kein Tourist mit Fotoapparat lässt es sich entgehen, davor fürs Erinnerungsalbum zu posieren.

Wer also glaubt, hier Chinas glorreicher Vergangenheit zu begegnen, sieht sich überraschend zum Umdenken genötigt: Im »Alten Drachenkopf« vor den Toren von

◄ Über den Stadtgraben hinweg fällt der Blick auf Festung Shanhaiguan. Bunte Wimpel schmücken die ursprünglich mingzeitliche Anlage, die schon mehrfach wiederaufgebaut und restauriert wurde.

Shanhaiguan begegnet einem nicht so sehr ein Zeuge der Ming-Dynastie als vielmehr ein Dokument für Chinas heutiges Nationalbewusstsein, das sich – China lieben, die Mauer restaurieren! – das Alte neu schafft, um sich der Größe und des Ruhms einer Kultur und Geschichte zu vergewissern, die schon lange glorreich war, ehe sie im 19. Jh. durch fremde Mächte gedemütigt wurde.

Nur haben sich die Mauerbauer von heute für diesen Beweis ein Objekt ausgesucht, das dazu eigentlich nicht sonderlich taugte, war doch die Ming-Mauer eine Folge der Unfähigkeit des chinesischen Staates, mit der Außenwelt anders zurechtzukommen als durch Abschottung – und selbst das hat dann nicht funktioniert. Eine Mauer in Trümmern wäre als Mahnung zu der Offenheit, die China, Volk und Führung, heute mehr und mehr anstrebt, geeigneter gewesen als der restaurierte Bau, der eher Ausdruck für die Größe des

▲ »Tianxia diyi guan«, der »erste Pass unter dem Himmel« lautet die wörtlich übersetzte Inschrift auf dem Osttor der Festung Shanhaiguan, das hier zugleich auch das Grenztor der Großen Mauer ist.

Scheiterns ist. Aber so sieht das von den Besuchern wohl kaum einer.

Immerhin gingen die Restauratoren und Neu-Erbauer nicht ganz unehrlich mit der erhaltenen Substanz um. Zwar ist unklar, inwieweit der »Alte Drachenkopf« wirklich die Rekonstruktion einer historisch verbürgten Baugestalt darstellt, aber die echt alten Teile, durch Glasdächer gegen die Witterung geschützt, sind auch als solche kenntlich gemacht.

Noch etwas anderes gefällt: Man hat nicht nur die Mauern, Tore, Bastionen und Zinnen neu aufgebaut, sondern auch das Innere der Festung wieder mit Gebäuden im alten Stil versehen, nämlich mit der Residenz des Festungskommandanten. Dazu gehören Ausstellungsräume mit historischen Kanonen, Modellen fahrbarer Sturmleitern und sonstigem Kriegsgerät, aber auch der Nachbau zweier gruseliger Gefängniszellen sowie der Garnisonsküche. Sie besteht aus zwei Räumen, von denen der eine zweigeschossig ist: Im Souterrain ist eine Feuerstelle und darüber, vom Obergeschoss aus zu beschicken, ein wahrhaft gigantischer eiserner Topf, eine altchinesische Gulaschkanone sozusagen, deren Inhalt ausgereicht haben dürfte, ein ganzes Regiment zu sättigen.

▲▶ Die Große Mauer bei Badaling, wo sie von den meisten Besuchern frequentiert wird. Auch hier folgt sie den zum Teil extremen Windungen der natürlichen Berglandschaft. Dabei wurde der massive Felsgrund des Gebirges in den Baukörper miteinbezogen.

Wem die eher dezent zu nennende Glorifizierung von Chinas Vergangenheit durch den »alten Drachenkopf« nicht ausreicht, dem bietet sich jenseits des Parkplatzes Deftigeres. Eine riesige neue Halle in klassisch-chinesischem Architekturstil präsentiert in ihrem Innern eine Folge imposanter, aus lebensgroßen plastischen Figuren, Bühnenstaffage und gemalten Prospekten arrangierter, mit Licht- und Bewegungseffekten belebter, raumfüllender Bilder aus dem Sagen- und Geschichtenkreis der Mauer, wobei Qin Shihuangdi, der Erste Kaiser, als Erbauer der Ming-Mauer dargestellt wird. Aber was sind schon schlappe 1700 oder 1800 Jahre Diskrepanz angesichts (angeblicher) 5000 Jahre chinesischer Kulturgeschichte!

Dabei geben über Lautsprecher verbreitete Texte noch den Anstrich der Seriosität. Hier endlich erscheint die Mauer so äonenhaft Ehrfurcht gebietend, großartig

und glänzend, wie sie sich jeder Chinese wünschen muss, um auf die Leistungen der Vorväter, die sie schufen, stolz sein zu können.

Aber die Mauer als Sinnbild nationaler Größe hat auch ganz ungeachtet ihrer komplizierten und keineswegs immer ruhmreichen Geschichte noch eine sehr dunkle Seite, stecken in ihr doch die Mühen und Qualen jener abertausenden von Menschen, die sie auf Geheiß der Obrigkeit im Schweiße ihres Angesichts zu errichten hatten. In der Geschichte der Frau Mengjiang findet die Erinnerung daran ihre populärste Form. Auch dieser Aspekt wird in der Schauhalle behandelt – und nach Kräften verhübscht. Während die Frau Mengjiang der Legende eine schlichte Bauersfrau war, erscheint sie hier in blütenweißem, prächtigem Gewand, als stamme sie aus bestem Hause. Auch scheint sie auf der Suche nach ihrem auf Frondienst zum Mauerbau abkommandierten Mann nur in Luxusherbergen genächtigt zu haben, so proper wie sie aussieht. Wenn sich dann diese feenhafte Gestalt, nachdem die Mauer die Knochen ihres entkräftet verstorbenen Gatten preisgab, von hoher Klippe ins

▲ Bei Badaling ist die Große Mauer durchschnittlich etwa acht Meter breit. Sie diente auch als Melde- und Versorgungsweg für die hier stationierten Grenzsoldaten, die die einzelnen Wachtposten zu besetzen hatten. Um die teilweise starken Steigungen des Geländes auszugeichen, wurde der Mauerweg mit Stufen versehen.

▶ Auch in Badaling findet man abseits der Touristenströme noch romantisch verwitterte, weitgehend unrestaurierte Abschnitte der Großen Mauer.

Meer stürzt, wirkt die Tragödie gleich doppelt bitter – und dreifach bitter, wenn man noch die Verkitschung einrechnet.

Zum Besuch von Shanhaiguan gehört aber nicht nur, sich den »Alten Drachenkopf« anzuschauen, sondern noch drei andere Ziele: die eigentliche Festung Shanhaiguan inmitten der gleichnamigen Stadt, die Mauer an der Stelle, wo sie – ebenfalls ein Neubau – den Berg hinansteigt und einen weiten Blick über die Stadt und die Ebene bis zum Meer bietet, und der Tempel der Frau Mengjiang.

Während die Festung mit ihren mächtigen Mauern und dem berühmten Tor, an dessen Turm das Schild »Erster Grenzpass der Welt« hängt, wirklich eindrucksvoll und gewaltig wirkt, ist der Tempel der Frau Mengjiang auf einem Hügelchen außerhalb der Mauer ein bescheidener Bau. Frau Mengjiang ist hier weniger prächtig dargestellt als in der Schauhalle am »Alten Drachenkopf«, aber hier wurde sie immerhin vergöttlicht, und das seit Jahrhunderten. Als Sinnbild der aufopferungsvollen, treuen Gattin, die ihrem beim entbehrungsreichen Mauerbau ums Leben gekommen Mann in den Tod folgte, stehen ihr Dienstknaben und Dienstmädchen zur Seite. So wird ihr in ihrem Leid heute jene Ehre zuteil, die ihr zu Lebzeiten versagt blieb – und mit ihr erweist der Besucher auch den ungezählten wahren Erbauern der Großen Mauer seine Reverenz.

Der Erste Kaiser dagegen, der im Volk bis heute als Bauherr der Mauer gilt, wird in keinem Tempel verehrt, und wenn man auch seine historische Größe anerkennt, gedenkt man dieses Tyrannen doch nur mit Erschauern. Die wahren Bauherrn der heutigen Großen Mauer, nämlich die späten Ming-Kaiser, zählen noch viel weniger. Niemals fallen bei einer Mauerbesichtigung ihre Namen. Zu den unmaßgeblichen Gestalten dieser verzogenen Palastsprösslinge, Spielbälle von Eunuchen, will so etwas

▲ ▶ Gut restauriert und dennoch zu abgelegen, um größere Scharen von Touristen anzulocken, kann man am Mauerabschnitt von Mutianyu eine plastische Vorstellung vom ursprünglichen Zustand der Ming-Mauer bekommen.

Ruhmreiches, so ein Nationalsymbol wie die Große Mauer nicht passen, und so hat das allgemeine Bewusstsein ihre Namen aus der Geschichte gestrichen. Nur Frau Mengjiang kennt und ehrt jeder.

Die Mauer bei Beijing: Rummel mit Nervenkitzel

Keine Stelle der Großen Mauer findet sich weltweit so häufig in Fotoalben wieder wie Badaling. Der Grund ist einfach: Hier kommt das Bauwerk Beijing, Chinas Touristenziel Nummer eins, am nächsten. Für Chinesen auf Hauptstadtbesuch und für Ausländer gehört ein Tagesausflug nach Badaling mit einem Abstecher zu den Gräbern der Ming-Kaiser daher zum Standardprogramm. Um es den Besucher-

scharen aus aller Welt möglichst bequem zu machen, wurde vor einigen Jahren eigens eine Autobahn gebaut, sodass man in Badaling heute nicht nur die Mauer besteigen, sondern sie auch im Tunnel unterfahren kann. Dem Mauererlebnis kommt das durchaus zugute, denn auf diese Weise konnte die eigentliche Passstraße, die in zwei engen Toren durch die Badaling-Festung führt und dort jahrelang Tag für Tag von Reisebussen verstopft war, für den Autoverkehr gesperrt werden, sodass die Abgasschwaden und der Motorlärm vom Brennpunkt des Mauertourismus mindestens ein wenig Abstand wahren.

Kenner allerdings meiden Badaling und fahren lieber zum etwas weiter entfernt gelegenen Mauerabschnitt von Mutianyu oder gar zum 120 Kilometer entfernten Simatai. Aber wenn sich die Mauerfans in Mutianyu auch nicht so sehr auf die Füße treten wie in Badaling und der Blick über bewaldete Hänge und in menschenleere Täler dort romantischer ist, und wenn in Simatai selbst an Sommersonntagen kein Gedränge herrscht und die Mauer hier in abenteuerlicher Trassierung über steile Grate noch eindrucksvoller ist als anderswo, so gilt doch an allen drei Stellen, dass sich die Investitionen in die Landesverteidigung, die vor über 400 Jahren nicht so recht fruchteten, heute in klingender Münze auszahlen. Denn das zum Kapitalismus bekehrte China macht hier – Sozialismus ade! – beste Geschäfte, und alle haben etwas davon: der chinesische Staat, der seinen Anteil an den Einnahmen kassiert, die Bevölkerung, die mit Garküchen, Andenkenständen und Kamelrittangeboten ihren Lebensunterhalt verdient, und die Besucher sowieso, die zum Mauererlebnis noch einigen »Mehrwert« er-

◀ Wildromantisch verbirgt sich die Ruine eines Wachtturms bei Mutianyu hinter Frühlingsblüten.

▶ Der von Zinnen geschützte Gang auf der Großen Mauer bei Mutianyu verbindet die zweigeschossigen Wacht- und Signaltürme mit den größeren, dreigeschossigen Wehrtürmen, die von einer zahlenmäßig stärkeren Mannschaft besetzt waren.

halten und dafür gern manchen Extragroschen ausgeben. Eine Gedenkhalle für die Ming-Kaiser als eigentliche Urheber dieser Magneten des internationalen Fremdenverkehrs wäre daher mindestens für Badaling nur recht und billig, aber man muss schon ins dortige Mauermuseum gehen, um wenigstens im Kleingedruckten mal ihrer Namen ansichtig zu werden.

In Badaling ist dank des Mauertourismus eine richtige kleine Stadt entstanden, und eine weltoffene zumal. Der amerikanische Hähnchenbrater »Kentucky Fried Chicken« unterhält hier eine Filiale und auch ein internationaler Kurierdienst hat sich angesiedelt. Der schnauzbärtige Inhaber einer hübschen Tee- und Kaffeestube mit Mauerblick ist mit seiner netten Frau aus dem 1100 Kilometer entfernten Jilin hierher umgezogen. Baseballkappen und T-Shirts mit Maueraufdruck (»I climbed the Great Wall!«) sind Standardware in Dutzenden von Buden entlang der Hauptstraße.

Ebenso sinnvoll wie beliebt sind die diversen Gondelbahnen, die in Badaling wie auch in Mutianyu und Simatai den »Aufstieg« zum Vergnügen machen. In Mutianyu gibt es gleich zwei Bahnen, dazu eine kilometerlange Riesenrutsche europäischen Fabrikats. Hier ist der Rummel schon etwas ziviler als in Badaling. Auf der Höhe er-

▲ Laut, bunt und irgendwie historisch – Mauerfolklore, wie sie vor allem für chinesische Touristen veranstaltet wird.

▼ Täglich erklimmen Tausende von erlebnishungrigen Touristen die Große Mauer, getreu dem Motto Mao Zedongs: »Wer nie auf der Mauer war, ist kein echter Kerl!«

schrecken als mongolische Krieger verkleidete, braun gebrannte Männer den Besucher, indem sie mit einem Kriegsschrei das Plastikschwert zücken – und sich dann anschließend gern für einen kleinen Obolus in martialischer Pose fotografieren lassen.

Am gemütlichsten geht es dann doch in Simatai zu. Dort hat der Großparkplatz selbst an Sommersonntagen noch Reserven und ein Teil des Andenkenverkaufs findet ambulant statt: durch Bäuerinnen, die sich als Mauerführer etwas dazuverdienen und Bildbände verkaufen, in denen sich die Mauer in jener verkitschten Form zeigt, die nötig zu sein scheint, um dem nüchternen Wehrbau das romantische Flair zu verleihen, das ihn dem friedlichen Wochenendausflügler sympathisch macht. Rotviolette Abendstimmungen über der Mauer mit goldenen Glanzlichtern machen sich besonders gut.

Gegenüber der Mauer bei Simatai ist solche romantische Verfälschung aber eigentlich unnötig und unfair: unnötig, weil ihr Verlauf über steile Gipfel ohnehin abenteuerlich ist; unfair, weil bei der Renovierung nur originales Baumaterial verwendet wurde und keine neu gebrannten Ziegel wie anderswo. Da es auf diese Weise nicht möglich war, die Mauer in einen scheinbaren Originalzustand zu versetzen und ihr Ruinencharakter stattdessen gewahrt blieb, macht sie einen authentischeren Eindruck als in Badaling oder Mutianyu. Stellenweise schrumpft ihre Dicke hier auf 40 Zentimeter. Der höchste Abschnitt oberhalb der steilsten Hänge ist gesperrt und ein Polizist wacht darüber, dass sich niemand in Gefahr begibt. Immerhin sind dort früher schon Menschen zu Tode gestürzt – nicht Wachsoldaten der Mingzeit, sondern Mauerfans der Jetztzeit.

An anderer Stelle wird mancher Simatai-Besucher noch immer mit Todesangst in die Tiefe blicken. Hier befindet sich nämlich die abenteuerlichste Große-Mauer-Seilbahn. Sie ist 500 Meter lang, führt über einen kleinen Stausee und hat keine Gondeln, sondern der »Fahrgast« baumelt mutterseelenallein, bloß in einem Gurt hängend – eine Öse für jedes Bein –, an einem Karabinerhaken, unter ihm nur Schwindel erregende Leere. Von der oberen Plattform aus gesehen, verliert sich das

▶ Ein Gardesoldat aus Marmor wacht gemeinsam mit Hofbeamten sowie mythischen und exotischen Tieren am Seelenweg, der zu den 13 mingzeitlichen Kaisergräbern bei Beijing führt. Kombiniert mit einem Besuch in Badaling sind die Ming-Gräber ein bewährtes Ziel für Tagesausflügler.

talab führende Seil im Nichts und verschwindet nach ein paar Metern einfach in der Luft. Wer nie in Simatai war, ahnt gar nicht, welchen Nervenkitzel ein harmloser Mauerbesuch bereiten kann. Dagegen verblassen auch alle als Mongolen verkleideten Schwertkämpfer.

Richtig schön wird es erst, wenn man dem Angebot der begleitenden Bäuerin folgt und bei ihr im Dorf übernachtet – mit Familienanschluss. Früh am nächsten Morgen führt sie einen dann über geheime Pfade an jene Stellen der Mauer, die man nicht betreten darf, weil sie zu gefährlich sind.

Von Mongolen und Chinesen

Sesshaft sind sie geworden, die Mongolen im weiten Hügelland nördlich von Baotou. Ebenso oft mit einem Traktor wie noch mit Pferden, Eseln oder Mulis pflügen die Bauern nach der langen winterlichen Dürre im Mai ihre Felder und hoffen auf baldigen Sommerregen, damit der Weizen und der Mais, der hier vor allem angebaut wird, gut

Wundersamer Grenzwall: Die Mauer im Spiegel der Sagen

Kann bei der Entstehung eines solch gewaltigen Bauwerks wie Chinas Großer Mauer alles mit rechten Dingen zugegangen sein? Wahrscheinlich nicht. Und in der Tat besaß der Erste Kaiser, Bauherr der ersten Großen Mauer, ein Zauberross – einen Rappen mit roter Mähne. Mit dem ritt der Kaiser die Nordgrenze entlang, wobei das Pferd, das nur so dahinflog, nur ein paar Mal pro Kilometer mit seinen Hufen die Erde berührte. An diesen Stellen nun – oh Wunder – schoss jedesmal ein Wachtturm in die Höhe. So schuf der Kaiser die Große Mauer praktisch binnen eines Tages.

Diese Mär scheint freilich schon früher nicht recht überzeugt zu haben. Das Leid der Zwangsarbeiter blieb unvergessen. Von diesen handelt eine andere Sage, es ist die Geschichte der Frau Mengjiang, die berühmteste aller Mauerlegenden: Unter dem grausamen Ersten Kaiser traf die Fronpflicht zum Mauerbau auch einen jungverheirateten Mann. Es half nichts, er musste hinaus, während sein armes Weib zurückblieb, auf seine baldige Rückkehr hoffend. Doch es wurde Winter, und ihr Sehnen blieb vergebens. Da erschien ihr der Mann im Traum und klagte, er fröre zu Tode. So verließ Frau Mengjiang denn alsbald Haus und Hof, zog weit, weit nach Norden, ihren Mann an der Mauer zu suchen und ihm warme Sachen zu bringen. Doch wie sie schließlich ihr Ziel erreichte, war ihr Gemahl nirgends zu finden. Schließlich erfuhr sie, dass er den Strapazen schon erlegen war und in der Mauer begraben lag. Da weinte sie so herzzerreißend, dass ein Stück der Mauer einbrach und die Gebeine des Geliebten preisgab. Mit ihnen stürzte sie sich dann ins Meer.

Außerhalb von Shanhaiguan, der »Berg-Meer-Festung« am Ostende der Mauer, wurde später auf einem kleinen Hügel ein Tempel ihr zu Ehren errichtet. Dort wird Frau Mengjiang bis heute verehrt, ein Musterbild der liebenden Gattin.

Dass die Große Mauer noch heute das menschliche Vorstellungsvermögen übersteigt, zeigt die trotz ihres offenkundigen Unsinns gern kolportierte Behauptung, die Große Mauer sei als einziges Menschenwerk vom Mond aus – oder mindestens doch vom Weltraum aus – mit bloßem Auge erkennbar. Dazu ist das von Gras überwachsene und großenteils verfallene Stein- und Lehmgebilde jedoch viel zu schmal – etwa vergleichbar einer einen Millimeter dicken Linie beliebiger Länge, aus 40 Kilometern

Entfernung gesehen, wenn man der Einfachheit halber eine Mauerbreite von zehn Metern annimmt und die Entfernung zum Mond auf 400 000 Kilometer rundet. Da die Große Mauer den Bergkämmen folgt, wirft sie auch kaum spezifische Schatten, durch die sie ihre Existenz einem Beobachter im Weltraum verraten könnte. Die aufgezeichneten Gespräche mit amerikanischen Astronauten auf Mondflug und ihre Berichte nach der Rückkehr enthalten denn auch keine Erwähnungen der Großen Mauer. Tatsächlich ist die Behauptung deutlich älter als die bemannte Weltraumfahrt. Sie findet sich bereits in den 1920er-Jahren.

Die moderne Wundermär ist freilich zu schön, als dass man in China gern darauf verzichten möchte. Jeder Reiseleiter, mit Touristen auf Mauerbesuch, gibt sie zum Besten. Im Mauermuseum von Badaling wird sie gleich im Eingang aufgewärmt: Astronaut Armstrong, heißt es da, habe gesagt, aus dem Weltraum und vom Mond aus könne man nur zwei Menschenwerke erkennen: die Große Mauer und Hollands Deiche. Aber aus großer Höhe gesehen wäre jede Autobahn augenfälliger, von großen Bauwerken wie Fabrikanlagen oder Sportstadien ganz zu schweigen. Vor den ersten Mondflügen waren selbst mit den besten Teleskopen von der Erde aus nur solche Objekte auf dem Mond zu erkennen, die mindestens 100 Meter Durchmesser hatten. Wer im Flugzeug aus Europa beispielsweise nach Shanghai fliegt und die Mauer bei Beijing in etwa 10 Kilometern Höhe überquert, wird sie nicht entdecken. Nur beim Landeanflug aus Nordwest auf Beijing präsentiert sich das Bauwerk in schöner Übersichtlichkeit aus der Vogelschau.

▶ Eher selten wurden solche Schmuckziegel beim Bau der Mauer verwendet. Das Relief stellt ein Qilin dar, ein sagenhaftes Einhorn, das Kinderreichtum und andere Segnungen versprach. Übernatürlicher Beistand war offenbar selbst zum Schutz eines gigantischen Bollwerks wie der Mauer erwünscht.

gedeihe. Statistisch gesehen sind mindestens vier von fünf Nachbarn ethnische Chinesen, aber auch die sind kulturell ein wenig »mongolisiert«.

Zumindest als Freizeitvergnügen wissen sogar die Großstädter hier Mongolisches zu schätzen. Wochenend- und Ferienausflüge unternehmen die Bürger von Baotou, Standort eines gigantischen Stahlkombinats, gern ins Grasland, wo man in Jurten wohnt, reitet und Berge von Hammelfleisch mit riesigen Mengen Schnaps und gesalzenem Milchtee hinunterspült. Dazu werden mongolische Lieder gesungen – in chinesischer Übersetzung.

Das echte Mongolenleben befindet sich seit langem auf dem Rückzug: Vor allem in den Städten sprechen viele Mongolen kein Mongolisch mehr und auch die echten Steppenmongolen wohnen heute meist in festen Häusern und haben das nomadische Wandern aufgegeben. Noch immer jedoch leben sie in den Weiten des Graslands ganz überwiegend vom Vieh und ernähren sich entsprechend: Fleisch ist geradezu ein Grundnahrungsmittel, dazu gibt es Milch und Milchprodukte. Ergänzt wird der Speisezettel durch Hirse, die man in Milch zu einem wässrigen Brei aufweicht. Auch vergorene

▲▶ Etwa 120 km von Beijing entfernt zieht sich bei Simatai die Große Mauer über steile Gebirgszüge dahin. In dieser Entfernung von der Hauptstadt sind kaum Touristen zu erwarten; entsprechend behutsam hat man die Mauer nur mit originalem Baumaterial restauriert. So hat sich dieser Abschnitt der Ming-Mauer einen historisch-romantischen Charakter bewahrt.

Stutenmilch, Kumiss, wird gern getrunken. Gemüse ist eine Rarität, muss teuer aus südlicheren Landesteilen importiert werden und wird eigentlich nur serviert, wenn Chinesen zu Besuch sind und derlei Grünzeug ausdrücklich wünschen. Reiten gehört zum Alltag, und auch traditionelle Sportarten wie Bogenschießen und Ringen sind noch weit verbreitet, dazu mongolische Tänze und Lieder, begleitet auf der zweisaitigen mongolischen Kniegeige, deren Knauf die Form eines Pferdekopfes hat.

Zu richtig prallem Steppenleben erblühen die Traditionen alljährlich Ende Juli/Anfang August beim Nadamfest, wenn die Steppe dank des Sommerregens ihr schönstes, saftig-grünes Gewand angelegt hat und mit den weißen Jurten und Tausenden friedlich grasender Schafe, Rinder und Pferde unter blauem Himmel mit Schäfchenwolken noch viel schöner aussieht als im besten Bilderbuch. Dann kleiden sich Männer und Frauen in festliche Tracht, dann gibt es Pferderennen mit Bogenschießen und Ringerwettkämpfe unter dem Applaus der Schaulustigen, die Gewinner erhalten Seidenschals umgelegt und als Preise für die Besten sind Pferde ausgesetzt. Im Dunkeln werden Lagerfeuer entzündet, wird gesungen und getanzt bis spät in die Nacht hinein – und natürlich erreicht der Schnapskonsum Rekordwerte. Deftig und herzlich ist das Mongolenleben auf der Steppe, nichts für Zimperliche, und für Chinesen, die von außerhalb der Mongolei kommen, noch heute gerade so exotisch wie für Gäste aus Europa oder Amerika.

Traditionsstolz und neuzeitlicher Ferientourismus auf der Suche nach den Sehenswürdigkeiten des Landes vermischen sich als Reisemotive bei den Mongolen – und Chinesen –, die zum Dschingis-Khan-Mausoleum im großen Ordos-Bogen des Gelben Flusses pilgern. Das »Pilgern« darf man freilich ebenso wenig wörtlich nehmen wie das »Mausoleum«. Angereist wird per Bus, und was sich gemäß der chinesischen Bezeichnung sogar als »Herrschergrab« darstellt, ist in Wirklichkeit eine Gedenkstätte, in der keinerlei Gebeine ruhen. Erbaut und angelegt wurde sie 1954/1956 unter der Regie von Ulanfu, dem mongolischen »Aushängeschild« der KP-Führung, im Rahmen der Nationalitätenpolitik: Mit dem auf Staatskosten erfolgten Bau sollte der Volksgruppe der Mongolen klar gemacht werden, dass das neue China ihre politische Heimat sei und dass die Staatsführung sie achte, indem sie deren berühmtesten Landsmann ehrt. Entsprechend pompös fiel die Anlage aus. Die palastartige Halle vermischt bewusst chinesische und mongolische Elemente: Drei Kuppeln erinnern in Form und Ornamentik an Jurten, tragen außen herum aber je einen Kranz chinesisch geschwungener Dächer. Innen sind Zelte und Gerätschaften ausgestellt, die angeblich von Dschingis Khan höchstselbst benutzt wurden. Ein imposantes Wandbild illustriert die Geschichte Dschingis Khans und das Werden seines Reiches bis zu seinem Enkel Kubilai. Selbst Marco Polo hat man nicht vergessen – immerhin war er bei Kubilai Khan auf Audienz und hat die Vorgänge am Beijinger Hof genau beschrieben.

Der Kult um Dschingis Khan ist freilich schon sehr alt. Unter chinesischem Kultureinfluss hatte Kubilai, so wird angenommen, damit begonnen – als eine Art mongolischer Variante des konfuzianischen Ahnenkults. Noch heute findet am und im Mausoleum alljährlich eine große, hochoffizielle Opferfeier für den Urvater des mongolischen Großreichs statt. Urtümlicher und für den Außenstehenden geheimnis-

◀ Mauerabschnitt bei Qingshuihe: Auf dem Gebiet der Inneren Mongolei befinden sich zahlreiche nicht restaurierte Teile der mingzeitlichen Mauer. Sie zeigen ein anderes Bild als in der Gegend um Beijing: Die schützenden Ziegel fehlen, so dass der leicht verwitternde Lehmkern der Mauer frei liegt.

voller ist ein Obo am Rande des Geländes: ein Heiligtum, das die Form eines gut drei Meter hohen Kegels hat, der zwischen zwei Bäumen aus Kieseln aufgeschichtet und mit Wimpeln geschmückt wurde. Sein Kult gehört der mongolischen Volksreligion an und geht auf schamanistische Traditionen zurück. Wie stets hebt er auch hier den Ort als heilig heraus.

Und wo bleibt die Große Mauer in diesem Zusammenhang? Müssten die Chinesen die Mongolenherrscher von vor 700 Jahren nicht als Tyrannen schmähen, als Fremdherrscher, die China unterjochten – und ihre Nachfolger als Aggressoren, die noch vor 500 Jahren China so viel Kummer machten, dass sich das Land gegen sie nur mit der Großen Mauer wehren konnte? Solche Gedanken sind heute in China tabu. Da ein Teil der Mongolen in China lebt und der andere Teil – in der Äußeren Mongolei – mit gerade einmal zweieinhalb Millionen Einwohnern keine Gefahr darstellt, hat das offizielle Geschichtsbild Dschingis Khan einfach zu einem Teil der ruhmreichen chinesischen Geschichte gemacht.

»Dschingis Khan ist ein Held des mongolischen Volkes«, erklärt die hübsche Halbmongolin (mit chinesischem Vater), die im Mausoleum Exponate und Wandbild erläutert, und fügt im Sinne treuherziger political correctness hinzu: »... und auch ein Held des chinesischen Volkes«.

Tatsächlich befinden sich auf dem Gebiet der »Autonomen Region Innere Mongolei«, wie es offiziell heißt, mehr Mauerreste als in jeder anderen chinesischen Provinz, aber um die großenteils unscheinbaren Relikte kümmert sich außer ein paar Archäologen niemand. Meist als grasbewachsene Erdwälle, manchmal abgeflacht bis zur Unkenntlichkeit, ziehen sich hier sieben Grenzbefestigungen von sechs Reichen durch die Täler und über die Hügel: die des Zhao-Reichs, des Qin-Reichs unter dem berühmten Ersten Kaiser, zwei – eine innere und eine äußere – des Han-

▼ Das »Mausoleum« für den Mongolenherrscher Dschingis Khan bei Baotou ist eigentlich keine Grab-, sondern eine Gedenkstätte und wurde erst in den 50er-Jahren des 20. Jh.s errichtet.

▼ Ein mit Wimpeln und bunten Tüchern geehrter Steinhaufer nicht weit von Baotou, in der Nähe des Dschingis-Khan-Mausoleums, ist nur für Eingeweihte als ein traditionelles mongolisches Ehrenmal für den großen Khan zu erkennen.

Wie lang ist die Mauer?

Auf diese Frage wüsste mancher chinesische Historiker oder Archäologe auch gern die Antwort. Dabei sind es eigentlich verschiedene Sachverhalte, um die es geht:

1. Wie lang ist die Große Mauer der Ming heute?
2. Wie lang war sie, als sie fertig war?
3. Wie lang sind alle erhaltenen Mauerreste der verschiedenen Dynastien?
4. Wie viele Kilometer Grenzmauern haben die Chinesen überhaupt jemals gebaut?

Die letzte Frage interessiert womöglich am meisten. Aber wer sind denn »die Chinesen«? Gehören die Toba der Nördlichen Wei-Dynastie dazu, die Kitan, die Dschurdschen – allesamt nichtchinesische Mauerbauer auf chinesischem Territorium? Und soll man nur die Mauern auf heutigem chinesischem Staatsgebiet zählen oder auch die durch die Äußere Mongolei und bis nach Korea hinein verlaufenden Abschnitte?

Zumindest die Frage, wie lang alle erhaltenen Mauerreste der verschiedenen Dynastien sind, nähert sich mit fortschreitender archäologischer Forschung langsam der Klärung. Wenn man dann einst alle Mauerstücke oder -reste erfasst hat, wird man sich auch ein besseres Bild davon machen können, wie viele Mauerkilometer zwischen den erhaltenen Abschnitten wohl sonst noch existierten, ehe die Lehm- oder Steinwälle im Laufe der Jahrhunderte erodierten, einstürzten, abgetragen oder untergepflügt wurden.

Vorläufig liegen nur Schätzungen vor. Eine stammt von dem großen britischen Sinologen Joseph Needham. Er kam auf 3930 englische Meilen (6323 Kilometer), aber diese Zahl vermischt Antworten auf die obigen Fragen 2 und 4 und schließt die so genannten Weidenpalisaden im Bereich der Südmandschurei ein, einen Grenzwall der Ming, den man eigentlich nicht als Mauer bezeichnen kann. Rechnet man aus Needhams Zahl 400 Meilen Weidenpalisade und 300 Meilen Han-Mauer auf der Strecke Jiayuguan–Yumenguan heraus, so käme man für die ursprüngliche Länge der Ming-Mauer auf 3230 Meilen, entsprechend rund 5200 Kilometern. Diese Zahl ist aber wiederum zu niedrig, denn Needham konnte um 1970 – vor Beginn der neueren Forschungen – nicht wissen, dass die Ming die Mauer im Ordosgebiet großenteils

▲ Auch an den höchsten Aussichtspunkten verliert selbst der aufmerksamste Beobachter leicht die Orientierung über den Verlauf und die Dimensionen der Großen Mauer.

doppelt ausgeführt haben. Setzt man den Fehlbetrag mit 600 Kilometern an, wäre man bei 5800 Kilometern – nach der Landkarte gemessen, ohne Berücksichtigung des Auf und Ab im Gelände.

Die älteren Mauern sind hinsichtlich ihrer Länge noch schwerer zu schätzen. Für die Großen Mauern der Dschurdschen, die zweitjüngste von allen, wurde eine Länge von 5000 Kilometern genannt, auch hier wieder ein auffällig runder und daher wahrscheinlich wenig zuverlässiger Wert. 1979 veröffentlichte die Nachrichtenagentur »Neues China« eine Schätzung zur Frage 4. Die Grenzwälle aller Dynastien würden sich demnach auf 50 300 Kilometer summieren. Auch in neueren chinesischen Publikationen findet sich diese Zahl, oft auf 50 000 gerundet, wieder, aber das ist kaum das letzte Wort zu dem Thema.

Relevant wäre eigentlich auch die Frage nach dem Volumen der Mauern, denn ein zweieinhalb Meter hoher Lehmwall ist schwerlich mit einer Backsteinmauer von neun Metern Höhe gleichzusetzen. Schätzungen dazu sind aber noch schwieriger. Trotzdem hat sich einer der Europäer, die die Ming-Mauer noch mit eigenen Augen sahen, daran versucht. John Barrow, im Jahr 1793 als Sekretär des britischen Gesandten Macartney auf Chinareise, schrieb: »Das Material aller Wohnhäuser von England und Schottland bei einer angenommenen Zahl von 1 800 000 und durchschnittlich je 2000 Kubikfuß Mauerwerk reicht kaum an das massive Volumen der Großen Mauer Chinas heran.«

▲ Gegen den Nachthimmel zeichnen sich die Silhouetten der Wacht- und Signaltürme ab, die strategisch günstig auf dem Bergkamm verteilt liegen.

▶ In exponierter Lage auf dem höchsten Gipfel im Umkreis erhebt sich dieser Wachtturm der Großen Mauer bei Simatai. So hatten Angreifer keine Chance, sich der Ming-Grenze unbemerkt zu nähern.

Reichs, des Nördlichen Wei-Reichs und des Jin-Reichs der Dschurdschen. Die siebte, jüngste und mit ihren zahllosen Türmen als Einzige noch recht imposante ist die Große Mauer der Ming, die bis heute die Grenze zur Provinz Shanxi bildet.

Wer die Ming-Mauer in diesem Bereich quert, kann auch heute noch ein wenig vom einstigen Kulturgegensatz erahnen: Die Mauer folgt hier etwa der Isohyete – der Linie gleicher Niederschlagsmengen – von 400 Millimetern. Nördlich davon sind die klimatischen Verhältnisse für den Ackerbau eigentlich schon nicht mehr geeignet: Es ist zu trocken und zu kalt. Erst durch die friedlichen Verhältnisse, die das Qing-Reich der Mandschus an der Grenze schuf, und durch den wachsenden Bevölkerungsdruck kam es etwa seit dem 19. Jh. dazu, dass auch weniger geeignete Landstriche urbar gemacht wurden. Bis heute ist die Mauer zwischen Shanxi und der Inneren Mongolei aber streckenweise eine Siedlungsgrenze, an der die Bevölkerungsdichte von Süd nach Nord sprungartig absinkt.

Vor allem aber zeigt sich die Große Ming-Mauer hier noch einmal in ganz anderer Gestalt als bei Beijing oder am Meer. Nirgends

am Rande der Mongolei und im Ordosgebiet wurde sie restauriert. Wo sie aus Stampflehm besteht, zieht sie sich als markantes Band über die Bergrücken. Wo sie dagegen einst besonders solide mit Backsteinen ausgeführt wurde, sieht man nur mehr einen Erdwall. Der Grund für diesen seltsamen Wandel: Als in Zeiten der sozialistischen Mangelwirtschaft, vor allem in der Kulturrevolution, kein Baumaterial zu bekommen war, aber die Bevölkerung gleichzeitig stark wuchs, haben sich die Bauern der Umgegend neuen Wohnraum aus Ming-Backsteinen erstellt. Die Sand- oder Lehmfüllung rutschte nach dem Entfernen der festen Ummantelung zum heutigen Wall zusammen.

Mehr noch als die Mauerreste beeindruckt freilich die unglaubliche Zahl von Wacht- und Signaltürmen. Die Mauererbauer haben davon unterschiedliche Typen geschaffen mit unterschiedlichen Funktionen. Manche sind rund, manche im Grundriss quadratisch, viele stehen in der Mauer, andere – vor allem auf Gipfeln – dahinter, manche bilden aber auch vorgeschobene Posten oder Ausgucke. Entlang wichtiger Durchgangstäler lassen sich Signalturmserien manchmal über hundert oder mehr Kilometer weit ins Landesinnere verfolgen.

Auch die Forts, die an strategisch heiklen Stellen stehen, sind noch zu sehen. Gewöhnlich sind es im Grundriss quadratische Anlagen von gut 200 Metern Seitenlänge mit Stampflehmmauern und Backsteinwänden in ähnlichen Dimensionen wie

die Mauer bei Beijing. In vielen dieser Festungen finden sich heute Bauerndörfer. Aber es gibt auch noch größere. Eine dieser Hauptfestungen ist die Stadt Pianguan. Ihre Mauer, die aus dem Jahr 1390 stammt, wurde restauriert. An Mächtigkeit übertrifft sie noch die von Shanhaiguan (aber erzählen Sie das niemandem in Shanhaiguan!).

Alle Mauern, Türme und Festungen in der Inneren Mongolei und Nord-Shanxi zusammen lassen erahnen, was hier über rund zweieinhalb Jahrtausende los war – in einem riesigen Landstrich, der in seiner Weite den unbefangenen Besucher von heute zwar fasziniert, ihm aber angesichts der Dürre, die die meiste Zeit des Jahres herrscht, wirtschaftlich gar nicht derart attraktiv erscheint, dass man darum hätte große Schlachten schlagen müssen. Wie sehr doch der Eindruck täuscht!

Ming-Mauern an der Seidenstraße

Eingezwängt zwischen dem tibetischen Hochland im Süden und der Wüste im Norden zieht sich, bewässert von Gebirgsflüssen, eine Kette von Oasen hin wie Perlen auf einer Schnur. Der alte Handelsweg, der sie verbindet und an den Rändern der Taklamakan, der größten Sandwüste der Erde, weiter nach Westen führt, ist die Seidenstraße, über die einst Karawanen mit den Schätzen Chinas hinauszogen in ferne Lande und Städte, von denen manche noch heute einen fast märchenhaften Klang haben: Fergana, Samarkand, Buchara, Tashkent, Bagdad.

Der Name jener Landschaft zwischen Tibet und der Wüste Gobi, durch die der erste Abschnitt der Seidenstraße verläuft, klingt dagegen reichlich nüchtern: Es ist der Gansu-Korridor.

Hier, westlich der großen Schleife des Gelben Flusses, treffen die Kulturgegensätze zwischen dem agrarischen China und dem Steppen- und Wüstengebiet der Nomaden bis heute auf kleinerem Raum und daher unvermittelter aufeinander als entlang der Großen Mauern in der Inneren Mongolei. Nähert man sich dem Gansu-Korridor mit der Eisenbahn von Bao-

▲ Das Haupttor der Festung Hualinbao in Pianguan mit ihren mächtigen Mauern aus dem 14. Jh. Hier wie in anderen Festungsbauten der Ming-Zeit haben sich heute Bauern niedergelassen.

▶ Unterhalb der Ruinen eines Postens bei Pianguan haben Dörfler ihre Wohnungen in den Löss getrieben.

tou her, so sieht man, nachdem der Zug das Tal des Gelben Flusses verlassen hat, zunächst auf grenzenlosem Grasland Kamele weiden. Dann kommt die Große Ming-Mauer ins Bild. Eine Zeitlang bleibt sie, eine vier bis fünf Meter hohe, gut einen Meter dicke, lückenhaft gewordene Stampflehmwand, in Sichtweite, erst links, dann rechts, dann wieder links der Bahnlinie. Etwa 30 Kilometer vor Wuwei wechselt sie wieder nach rechts, also nach Norden, und verschwindet rasch in der Ferne. Unweit dieser Stelle endet auch die Grassteppe und ein großes, von Bewässerungskanälen durchzogenes Oasengebiet beginnt.

Inmitten dieser Ackerbauzone liegt Wuwei. Der Name der Stadt bedeutet »Militärmacht« und geht geradewegs auf die Westliche Han-Dynastie zurück – auf die Zeit des Mauerbaus unter Kaiser Wu, dem »Militärischen«, als der Gansu-Korridor China einverleibt wurde und hier eine befestigte Garnison entstand. Geschützt von dem neuen Grenzwall, wurde die Region in den folgenden Jahrzehnten nicht nur politisch-militärisch, sondern auch kulturell rasch ein Teil Chinas. Archäologische Funde haben dies veranschaulicht. Zu den Aufsehen erregenden Entdeckungen zählt beispielsweise ein über 1800 Jahre altes chinesisches Adelsgrab in Wuwei. Es besitzt eine Sechs-Kammer-Gruft und barg, als die Archäologen es 1969 öffneten, 230 Beigaben, darunter die 34,5 Zentimeter hohes Bronzefigur eines »fliegenden« Pferdes. Im vollen Galopp dargestellt, befinden sich drei seiner Hufe in der Luft, der vierte steht auf dem Rücken eines fliegenden Vogels. Das geschickt ausbalancierte Kunstwerk, heute im Provinz-

museum von Gansu in Lanzhou zu sehen, wurde einer der berühmtesten und meistreproduzierten archäologischen Funde des Landes; Chinas staatliches Reisebüro machte es zu seinem Emblem.

Die Große Mauer der Han blieb in dieser Gegend nicht erhalten. Nur eine Mauer steht noch streckenweise: die der Ming. Ursprünglich führte sie entweder direkt an der Grenze der Oasenzone entlang oder lag ein Stück außerhalb davon. Später, als die Bevölkerung zunahm, verlängerten die Bauern ihre Bewässerungsgräben und machten so nach und nach mehr Wüsten- und Steppengebiet urbar. Die erhaltenen Mauerabschnitte sind daher heute teilweise von Weizen-, Raps- und Gemüsefeldern eingeschlossen. An manchen Stellen aber markiert die alte Mauer auch heute genau jene Stelle, wo die Felder enden und der Steppengürtel beginnt – geradeso, wie es der Idealvorstellung der Mauer als einer Kulturgrenze entspricht.

Mag sein, dass sich dieser Gegensatz heute sogar noch unmittelbarer präsentiert als vor vier- oder fünfhundert Jahren, denn indem die Bauern sogar die Täler zwischen den Sanddünen urbar gemacht und bewässert haben, sind die Kolonisatoren an die

◀ In vielen ländlichen Gegenden Chinas sind die traditionellen Bräuche wie der Ahnenkult wiedergekehrt. In einem kleinen Dorf in der Nähe von Pianguan haben Bewohner zu Ehren eines Verstorbenen einen Opfertempel improvisiert.

▶ In der Nähe von Wuwei versammeln sich Bauersfrauen zu einem Trauerritual. Sie beten, entzünden Weihrauch und verbrennen Opfergeld, das die Verstorbenen im Totenreich erhalten sollen.

äußerste Grenze dessen gegangen, was an Kultivierungsleistung überhaupt denkbar erscheint. Arm sind die Menschen hier und auf sich gestellt. Einmal am Tag holpert ein klappriger Bus über die unbefestigten Wege Richtung Stadt, aber die wenigsten Bauern kommen häufig aus ihrem Dorf heraus. Der stetige Kampf gegen den Sand und die sorgfältige Bewässerung ihrer Felder halten sie zusätzlich zu den sonstigen Feldarbeiten beschäftigt: viel Arbeit für wenig Ertrag. Für mehrere Dörfer zusammen gibt es eine schlichte Volksschule, deren Schüler mit Ranzen und Wasserflasche ihren oft etliche Kilometer langen Schulweg über Feldwege und Sanddünen zu Fuß bewältigen. Die Häuser bestehen aus Stampflehm – wie seit über 2000 Jahren.

Vor allem die Frauen und die alten Männer wahren bis heute uraltes Brauchtum. In einer abgelegenen, aus der Ming-Zeit stammenden Grenzfestung, einem aus Stampflehm gebauten, heute teilweise unter angewehtem Sand verschwundenen Fort, haben sich Bauern der näheren Umgebung einen neuen Tempel gebaut. Holztafeln unter dem Vordach verzeichnen die Namen der Spender und die Höhe der Beiträge – meist 100 Yuan, der Gegenwert von etwa 15 Euro. Am Ersten jedes Mondmonats finden sich hier Bäuerinnen ein und vollführen eine Art Segnungszeremonie für alle, die dies wünschen: Kranke, junge Paare, werdende Mütter. Dabei wird als Gabe an die

Götter selbst gedrucktes Opfergeld verbrannt und so ins Jenseits befördert; eine zweite Art von Opfergeld ist mit Bannsprüchen beschriftet und hält so die bösen Geister fern. Aus Lehm geformte, lebensgroße fantastische Figuren im Tempelinnern stellen Gestalten der taoistisch-volksreligiösen Götterwelt dar; sie verheißen Schutz und Hilfe. Einer, der Reichtumsgott, verkörpert die Hoffnung auf eine bessere Zukunft, die sich in diesem Niemandsland zwischen den Welten für kaum einen der Opfernden je einstellen wird.

Jenseits der lehmigen Anhöhe, die einst wohl ein Wachtturm war und heute das Holztempelchen trägt, fällt das Terrain in eine weite, mit Ölweiden bestandene, sandige Niederung ab. Jenseits der Ming-Mauer gelegen, in deren Verlauf die Lehmfestung integriert ist, gehört sie schon der Steppenzone an. Genutzt wird der Ölweidenwald von motorisierten Nomaden der Neuzeit: Im Frühling, wenn die kleinen, gelben Blüten dieser Bäume ihren betörenden, süßen Duft verströmen, laden hier Bienenzüchter aus dem Süden die Holzkästen mit den Bienenstöcken von ihren Lastwagen und schlagen ihre Zelte auf – und ziehen weiter, wenn die Rapsblüte kommt.

Ähnlich wie in der Inneren Mongolei sind die großen Grenzmauern, die Signaltürme und Festungen vergangener Zeiten aus dem Wahrnehmungshorizont der Menschen verschwunden. Auch die Mitarbeiter des Fremdenverkehrsbüros von Wuwei wissen nichts davon. Lediglich die Bauern, die in Sichtweite der Mauerreste wohnen und arbeiten, kennen sie.

▲ Unvermittelt endet die Mauer am rund 50 Meter tief abfallenden Steilufer des Beida-Flusses südlich von Jiayuguan. Am Ende der Mauer sind die Ruinen des einstigen »Wachtturms Nummer eins« zu erkennen.

◄ Schnurgerade führt die hier stark verwitterte Große Mauer auf die Festung Jiayuguan zu, deren Türme am fernen Horizont zu erahnen sind.

Erst fünf Eisenbahnstunden weiter nach Westen rückt die Große Mauer wieder ins nationale Bewusstsein: in Jiayuguan, wo die gleichnamige Festung das Westende der großen Ming-Mauer bildet. Am Rand der modernen Industriestadt gelegen, wahrt dieser mächtige, annähernd quadratische Komplex aus doppelten, neun bis elf Meter hohen Mauern von rund 160 Metern Seitenlänge dank einer in den 80er-Jahren sensibel durchgeführten Restaurierung noch ganz den ursprünglichen Eindruck als Grenztor eines mächtigen Reiches. Die heutige Fernverkehrsstraße und die Eisenbahn, die beide der historischen Seidenstraße folgen, führen in einigem Abstand südlich daran vorbei, sodass der Blick von der Höhe der Mauern nach Westen in die Weite der steinigen Wüste von neuzeitlichen Verfremdungen noch immer kaum getrübt ist. Wohl noch eindrucksvoller ist die Ansicht in umgekehrter Richtung, wenn die tief stehende Abendsonne die ockergelben, aus Lehmziegeln errichteten Mauern und die drei Turmaufbauten mit ihren geschwungenen Dächern aufleuchten lässt.

Wer Jiayuguan besichtigt, den macht der örtliche Fremdenführer unweigerlich auf einen einzelnen Lehmziegel aufmerksam, der auf einem Mauersims liegt. Um ihn rankt sich eine Legende: Der

◀◀ Vorhergehende Doppelseite: Im Licht der untergehenden Sonne bietet die mächtige Festung von Jiayuguan mit ihren geschwungenen Dächern einen majestätischen Anblick.

▲ Im Hintergrund der Festung von Jiayuguan erheben sich die schneebedeckten Gipfel des Qilian-Gebirges.

▶ In der Wüste westlich von Dunhuang erheben sich die Ruinen der Yangguan-Festung, die – so zumindest lautet der Name des Ortes – den »Südpass« schützte.

Baumeister, der für die Errichtung des Forts verantwortlich war, soll die benötigte Menge an Baumaterial derart genau berechnet haben, dass am Schluss nur dieser eine Ziegelstein übrig blieb.

Warum sich die Festung an dieser Stelle befindet, erschließt sich dem Besucher bei zwei kurzen Abstechern: Der Gansu-Korridor verengt sich hier auf nur etwa 15 Kilometer. Nördlich der Festung bildet eine nach Süden vorspringende Bergkette eine natürliche Barriere, im Süden hat die Schlucht des »Großen Nord-Flusses« (Beidahe) die gleiche Funktion. Ein Mauerriegel schließt beide Lücken. Das Nordende, wegen seines steilen Verlaufs »Große Mauer der hängenden Wand« genannt, wurde restauriert und ist heute ein – gegen Eintrittsgeld – begehbarer Mauerabschnitt mit Zinnen und Türmen. Von seiner höchsten Stelle aus – an der diese Quermauer mit einem Wachtturm unvermittelt endet – hat man einen weiten Blick über die Oasenzone, in der Jiayuguan liegt, auf die Türme der Festung und auf die völlig vegetationslose, steinige Wüste, die die Oase im Norden übergangslos begrenzt.

Während die restaurierte »Mauer der hängenden Wand« deutlich kleineren Kalibers ist als die Große Mauer bei Beijing, fallen die erhaltenen Reste südlich der großen Festung noch einmal um eine

Dimension bescheidener aus. Ressourcensparend wurde der Lehmwall vom Fort aus, an das er unmittelbar anschließt, in schnurgerader Linie bis an den Rand der Schlucht geführt. Die letzten 30 Meter sind ebenfalls restauriert worden, mit einer Brustwehr zwar, doch ohne Zinnen. Unmittelbar am Rande der Schlucht steht der »Wachtturm Nummer eins«, ein verfallenes Lehmgebilde, das ob seiner dramatischen Lage oberhalb der senkrecht abfallenden, etwa 50 Meter hohen Wand zum Besichtigungsprogramm aller Jiayuguan-Touristen zählt. Jenseits der Schlucht erhebt sich das bis über 5500 Meter – in die Regionen ewigen Schnees – ansteigende Qilian-Gebirge. Es bildet die natürliche Nordgrenze des tibetischen Hochlands.

Die Seidenstraße, die Wüste und die Grenzfestungen der Han-Zeit

Mit ein wenig Fantasie mag es auch im Zeitalter der Eisenbahnen, Flugzeuge und Autobahnen noch gelingen sich vorzustellen, wie sich das Reisen entlang der Seidenstraße vor Jahrhunderten oder Jahrtausenden gestaltete: zu Fuß, auf dem Kamelrücken oder zu Pferde. Sandstürme waren die größte Gefahr; sie bringen noch heute jeden Verkehr zum Erliegen. Mancherorts ist die Orientierung auch bei gutem Wetter ein Problem. So gibt es in Westgansu und in Xinjiang Gebiete, in denen das Terrain derart flach ist, dass sich bis zum Horizont ringsumher keine Orientierungspunkte bieten, geradeso, als bewege man sich – wie schon frühe europäische Reisende treffend bemerkten – nicht auf festem Land, sondern irgendwo auf hoher See. Auch in der Bezeichnung des Kamels als »Wüstenschiff« ist ja diese Wahrnehmung lebendig. Einen Unterschied zum Weltmeer machen freilich die Fata Morganen, über der Wüste fast alltägliche Erscheinungen. Zum Glück sind sie gewöhnlich so unbeständig, dass sie kaum einen Seidenstraßen-Reisenden ernstlich irritiert haben dürften. Dessen Sorge galt denn auch weniger dem Weg als solchem – er konnte normalerweise den Spuren der Vorgängerkarawane folgen – als vielmehr den Wasservorräten. Klar, dass die Etappen auf der Seidenstraße sich nach den Entfernungen zwischen den Oasen bemaßen, wie denn überhaupt der Verlauf dieses Handelsweges sich in erster Linie danach orientierte, wo die nächste Wasserstelle war.

Lagen sie mehr als eine Tagesreise auseinander und geriet man zwischendurch in einen Sandsturm, sodass die Reise unterbrochen werden musste, konnte die Lage schnell kritisch werden.

Ein Blick auf die Geschichte Zentralasiens zeigt, wie sehr der Verkehr entlang der Seidenstraße stets von der Politik abhängig war: Herrschte Friede, gediehen Handel und Wandel, Krieg behinderte sie oder machte sie überhaupt unmöglich. Die »pax sinica«, der durch militärische Expansion unter Han-Kaiser Wu bis zum Pamir ausgedehnte Frieden nach Maßgaben des Han-Reichs, hatte, unterstützt durch den um 120 v. Chr. begonnenen Mauerbau, solch eine Epoche des Austauschs zwischen China

▶ Zentralasiatische Jäger und Reiter waren zur Tang-Zeit beliebte Reitknechte und Jagdgehilfen, da sie sich auf die Abrichtung von Jagdleoparden verstanden. Das Mienenspiel und die Bewegungen der Figuren wurden äußerst lebendig und nicht ohne Humor gestaltet.

◀ Die zahlreichen, mitunter überzeichneten Darstellungen zentralasiatischer, »fremdländischer« Figuren der Tang-Zeit, die man immer wieder bei Ausgrabungen gefunden hat, lassen erahnen, wie kosmopolitisch die Hauptstadt Chang'an gewesen sein muss.

◀◀ Ein kurioser Beleg für die Entfernungen, die Güter auf der Seidenstraße noch zur Ming-Zeit zurücklegten, findet sich in Tansania: eine in einen Grabpfeiler eingelassene Porzellanschale.

und den Kulturen West- und Südasiens eingeleitet. Das trockene Klima, das die buddhistischen Grottentempel entlang der Seidenstraße mit ihren Plastiken und Wandmalereien konservieren half, verlieh auch den Mauerresten so viel Dauerhaftigkeit, dass sie in den Wüsten jenseits von Jiayuguan über weite Strecken bis heute erhalten blieben. Der Bezug dieser Ruinen zur Seidenstraße ist dabei offensichtlich, denn wie der Handelsweg dem Wasser folgte, so folgen die Mauern der Seidenstraße.

Eine dieser Stellen liegt zwischen der Nationalstraße 312 und dem Shule-Fluss östlich von Anxi. Hier zieht sich die Mauer als Wall nördlich des Flusstals hin. Berühmter freilich sind die großen Lehmfestungen Yumenguan und Yangguan nordwestlich und südwestlich von Dunhuang. Beide liegen in der Wüste, aber doch auch am Wasser; entlang dem bei Yumenguan, dem Jadetorpass, versickernden Shule-Fluss zieht sich der

▲ Der Jadetorpass Yumenguan ist die wohl bedeutendste der noch erhaltenen Grenzfestungen aus der Han-Dynastie.

▶ Heute noch ein echtes Abenteuer für Touristen, einst wichtigstes Transportmittel auf der Seidenstraße: Kamelkarawane in der Wüste bei Dunhuang.

äußerste Abschnitt der Han-Mauer weiter gen Westen und verliert sich schließlich, nur noch aus der Luft identifizierbar, in der Ödnis.

Wie kühn die Expansion des Han-Reichs in die Wüste hinein war, ist an diesen Stellen bis heute augenfällig, auch wenn man nicht mehr aufs Kamel oder Pferd umsteigen muss, um die Stellen zu erreichen. Selbst die Anfahrt nach Yumenguan im Auto über eine schmale Straße, die über Dutzende von Kilometern ins Nichts zu führen scheint, wahrt noch immer einen Hauch von Abenteuer.

Wer sich lieber zünftig per Kamel voranbewegen möchte, findet in Dunhuang freilich auch dazu Gelegenheit: in dem riesigen Sanddünenareal, das die Oase übergangslos im Süden begrenzt. Im geruhsamen Gänsemarsch trotten dort die Tiere, ihrem gemächlich dahinschreitenden Führer folgend, zwischen den mächtigen Sandbergen einher, und die Touristen auf ihrem Rücken brauchen nicht viel Fantasie, um sich, schon nach zweihundert Metern außer Sichtweite von jeglichen Zivilisationsspuren, wie auf einem Wüstentreck zur Han-Zeit zu fühlen.

Zeittafel

Dynastie			Zeit
Xia-Dynastie			21. Jh.–16.Jh. v. Chr.
Shang-Dynastie (Yin)			16. Jh.–11.Jh. v. Chr.
Zhou-Dynastie	Westliche Zhou-Dynastie		11. Jh.–771 v. Chr.
	Östliche Zhou-Dynastie		770–256 v. Chr.
	Frühlings- und Herbstperiode (*Chunqiu*)		770–476 v. Chr.
	Zeit der Streitenden Reiche (*Zhanguo*)		475–221 v. Chr.
Qin-Dynastie			221–207 v. Chr.
Han-Dynastie	Westliche Han-Dynastie		206 v. Chr.–24 n. Chr.
	Östliche Han-Dynastie		25–220
Zeit der Drei Reiche (*Sanguo*)	Wei-Dynastie		220–265
	Shu-Han-Dynastie		221–263
	Wu-Dynastie		222–280
Westliche Jin-Dynastie			265–316
Östliche Jin-Dynastie			317–420
Südliche und Nördliche Dynastien (*Nanbei Chao*)	Südliche Dynastien	Song-Dynastie	420–479
		Qi-Dynastie	479–502
		Liang-Dynastie	502–557
		Chen-Dynastie	557–589
	Nördliche Dynastien	Nördliche Wei-Dynastie (Toba)	386–534
		Östliche Wei-Dynastie	534–550
		Nördliche Qi-Dynastie	550–577
		Westliche Wei-Dynastie	535–556
		Nördliche Zhou-Dynastie	557–581
Sui-Dynastie			581–618
Tang-Dynastie			618–907
Zeit der Fünf Dynastien (*Wu Dai*)		Späte Liang-Dynastie	907–923
		Späte Tang-Dynastie	923–936
		Späte Jin-Dynastie	936–946
		Späte Han-Dynastie	947–950
		Späte Zhou-Dynastie	951–960
Song-Dynastie		Nördliche Song-Dynastie	960–1127
		Südliche Song-Dynastie	1127–1279
Liao-Dynastie			916–1119
Jin-Dynastie (Dschurdschen)			1115–1234
Yuan-Dynastie (Mongolen)			1279–1368
Ming-Dynastie			1368–1644
Qing-Dynastie (Mandschu)			1644–1911
Republik			1912–1949
Volksrepublik China			seit 1949

Übersichtskarte

* in unmittelbarer Nähe von Hequ befinden sich Xinmin, Pianguan und Qingshuihe.

Aus Gründen der Übersichtlichkeit wurde nur der Verlauf der Ming-Mauer dargestellt.

Register

Bildnachweis

AKG Berlin 8, 23, 28, 29 r., 45, 51, 52, 60, 63, 68, 69, 70, 71, 72, 74, 77, 87, 102 u., 116, 154 r., 154 l., 155; Claus Hansmann 26, 61, 62, 65; ImagineChina/Gong Weizhi 82; ImagineChina/Gong Yuguang 107; ImagineChina/Han Lu 24; ImagineChina/Joseph Som 81; ImagineChina/Jin Ge 150; ImagineChina/Jin Shizi 124, 131; ImagineChina/Jia Xiaojiang 5 m.o., 58, 96,143; ImagineChina/Li Ming 75; ImagineChina/Li Shaobai 31, 32, 43, 44, 55, 56, 67, 84, 88, 94, 95, 98, 99, 100, 101, 104, 105, 111 o., 113, 114, 115, 123, 130, 135, 136, 137, 140, 142, 145, 148, 149, 153; ImagineChina/Li Wei 127; ImagineChina/Liu Quanju 106; ImagineChina/Michael Cherney 157; ImagineChina/Sun Zhijun 5 o., 10, 37, 40, 156; ImagineChina/Yin Nan 83; ImagineChina/Yu Huitong 30, 108; ImagineChina/Yu Yuntian 152; ImagineChina/Zhang Chaoyin 66; ImagineChina/Zhou Kang 6, 46, 49, 85, 102 o., 110; ImagineChina/Zhuge Ming 76, 139 o., 139 u.; Norbert Pautner 92, 133; PhotoPress/Menzel 112; Silvestris/Rudolf Bauer: 132 o.; Silvestris/Harding 126, 132; Silvestris/Su Keren 2, 19 o., 19 u., 78, 103, 109, 118, 120, 125, 128, 129; Silvestris/Joseph Neuhaus 80; Silvestris/Wolter 121; Hans-Wilm Schütte 5 m.u., 5 u., 9, 12, 15, 16, 17, 20, 21, 25, 27, 34, 35, 36, 38, 39, 42, 86, 89 o., 89 u., 90, 91, 112, 122, 138, 144, 146, 147

Trotz intensiver Recherche ist es uns leider nicht gelungen alle Bildrechteinhaber ausfindig zu machen. Die betroffenen Rechteinhaber werden gebeten sich nachträglich mit dem Verlag in Verbindung zu setzen.